Friedrich Wilhelm Zachariä

Hinterlassene Schriften

ein Anhang zu der neuesten rechtmäßigen Auflage seiner poetischen Werke

Friedrich Wilhelm Zachariä

Hinterlassene Schriften
ein Anhang zu der neuesten rechtmäßigen Auflage seiner poetischen Werke

ISBN/EAN: 9783743601130

Hergestellt in Europa, USA, Kanada, Australien, Japan

Cover: Foto ©ninafisch / pixelio.de

Manufactured and distributed by brebook publishing software
(www.brebook.com)

Friedrich Wilhelm Zachariä

Hinterlassene Schriften

Ueber

des Verfassers
Leben und Schriften.

Von dem Herausgeber.

Wenn die einzige Quelle aller Vortrefflichkeit in den schönen Künsten, die einzige sichere Richtschnur aller ihrer Nachahmung, die Natur, sich immer gleich und unwandelbar bleibt; wenn ihre ursprüngliche, wesentliche Schönheit, Würde und Wirkung durch alle die Abänderungen nicht gestört noch geschwächt wird, welche Zeit, Ort, Sitten, Geschmack und mannigfache Darstellungsart hervorbringen; wenn diese Abänderungen und Verschiedenheiten mehr nur in die Form, als in das

* 2

Wesen

Wesen edler und getreuer Nachahmung einwirken: so darf sich das Urtheil des wahren Kenners, der mit Einsicht und gründlichem Prüfungsgeist in die wesentlichen Schönheiten eines Kunstwerks eindringt, durch jenen blinden, sklavischen Zwang nicht fesseln lassen, den Vorurtheil, herrschender Ton und Modegeschmack dem grossen Haufen der Kunstliebhaber aufzulegen von jeher gewohnt sind. Dem Künstler selbst wird freylich die ausgebreitete Herrschaft dieses Zwanges oft sehr nachtheilig; beraubt ihn mancher Ermunterung; hält ihn von manchen Aeusserungen seiner eigenthümlichen Geisteskraft zurück; nöthigt ihn nicht selten, sich nach dem Eigensinn herrschender Vorurtheile zu bequemen, wenn er sich beliebt machen, oder beliebt erhalten will. Und fühlt er dazu nicht genug nachgiebiger Geschmeidigkeit in sich; so wird er oft lieber sein Kunstgeräthe ganz aus der Hand legen, als sich und seine Arbeiten von der Gleichgültigkeit und dem Kaltsinn seiner Zeitgenossen verkannt und verschmäht sehen wollen.

Zwar wär' es Klugheitsmangel oder Sonderlichkeit, bey der Form, die er seinen Werken ertheilt, bey ihrer Ausführung und Einkleidung auf den Zeitgeschmack durchaus keine Rücksicht zu nehmen, und doch von seinen Zeitgenossen häufigen, oder gar allgemeinen Beyfall

zu

zu fodern. Aber Ungerechtigkeit ist es doch auch von
Seiten des Publikums, wenn es Künstlern und Schrift-
stellern immer die Bahn, die sie betreten sollen, vorzeich-
nen, ihnen nur auf dieser Bahn allein folgen, nur den
Wettlauf mit zahlreichen Mitwerbern nach einerley Ziele
belohnen, und nun dieß Ziel, so oft es Lust hat, anders
stecken will.

Und würd' es nur immer weiter hinausgesteckt, dieses Ziel; immer der Vollkommenheit näher gerückt! —
Aber so verengt der Modegeschmack die Schranken des
Genies weit öfter, als er sie erweitert; faßt den Gesichts-
punkt seiner Blicke auf Talent und Verdienst immer kür-
zer; und was kann da anders entstehen, als verweilen-
des Wohlgefallen an geringern, ausserwesentlichen Ge-
schicklichkeiten und Vorzügen, die der Mann von wah-
rem Genie gewöhnlich verschmäht, womit der begränz-
tere, dürftigere Geist seine Begränztheit und Dürftigkeit
zu verbergen sucht, und wodurch dieser nur allzu oft weit
mehr Augen auf sich zu ziehen, weit mehr Bewunderung
und Lobpreisung zu erregen weiß, als jener?

Doch, der nachtheiligste Einfluß des wandelbaren
Zeitgeschmacks, der sich auf den ganzen Zustand der
Literatur erstreckt, äussert sich ohne Zweifel in der Achtlo-

sigkeit

figkeit gegen ehemalige Verdienste, die man immer,
weil doch vergleichendes Urtheil das leichteste ist, gegen
die izigen, richtig oder falsch gewürdigten, abmißt,
und gegen sie verachtet, oder über sie völlig vergißt.
Daher so viel Kaltsinn, so viel Vernachläßigung, selbst
so viel Ungerechtigkeit gegen Männer, denen die schöne
Literatur unsers Vaterlandes ihre ersten bessern Fort-
schritte, ihre glücklichste Rettung von einem neuen Verfalle, ihre erste geschmackvolle Bildung, den Anbruch der
Periode ihres schönen Stils ursprünglich zu verdan-
ken hat.

Einer dieser würdigen, verdienstvollen Männer, der
schon in den letzten Jahren seines Lebens klagte, daß

— fast die Deutschen ihn vergaßen, *)

und den man seit seinem Tode weiter fort zu vergessen
scheint, war der Dichter, dessen wenige hinterlassene
Gedichte und Fragmente ich hier, hauptsächlich in der
Absicht, bekannt mache, um bey dieser Gelegenheit,
durch Erzählung seiner Lebensumstände, und durch Ent-
werfung seines dichtrischen Charakters, sein Andenken
anzufrischen und zu erneuern.

Just

---

*) In dem Glückwunsche an Hrn. Hofrath Ebert zu seinem
Kanonikat. S. nächst. Samml. S. 28.

Juſt *) Friedrich Wilhelm Zachariä wurde im Jahre 1726, den 1 May, zu Frankenhauſen, im Thüringiſchen, geboren. Sein Vater war Friedrich Siegmund Zachariä, Fürſtl. Schwarzburgiſcher Kammerſekretär und Regierungsadvokat, auch Gerichtsdirektor zu Ichſtedt und Borxleben; ſeine Mutter, Martha Eliſabeth, geborne Müllern, die Tochter eines dortigen Regiſtrators beym Konſiſtorium und der fürſtlichen Regierung. Seinen erſten Unterricht erhielt er auf der fürſtlichen Landſchule in Frankenhauſen von dem damaligen Subkonrektor Cebel, dem Konrektor Jäger, und dem Rektor Borck. Damals ſchon äuſſerte ſich ſein Trieb zur Dichtkunſt, in einer vorzüglich lebhaften Einbildungskraft, und regen, thätigen Munterkeit ſeines Geiſtes ſowohl, als in einigen, freylich noch ſehr unvollkommnen, poetiſchen Verſuchen. Zu dieſen ermunterte ihn auch das Beyſpiel ſeines Vaters, der ſich durch viele ganz fließende und heitre Gelegenheitsgedichte in ſeiner Gegend ſehr beliebt machte.

* 4   Im

*) Dieſes erſten Vornamens bediente er ſich ſehr ſelten, und als Schriftſteller nur bey dem erſten Abdrucke ſeines Renommiſten, in den Beluſtigungen d. V. u. W. v. J. 1744 wo S. 47. die Anfangsbuchſtaben J. F. W. Za * * über dem erſten Buche ſtehen.

Im Jahre 1743 verließ er seine Vaterstadt, und
gieng, die Rechte zu studiren, nach Leipzig. Aber weit
mehr, als das Studium der Rechte, lag ihm die schöne
Literatur, und die Befriedigung seines Hanges zur Dichtkunst, am Herzen. Der damalige Zeitpunkt, in welchem die erste Morgenröthe des deutschen Geschmacks an-
brach; der Ort seines itzigen Aufenthalts, wo sich dieser
Geschmack zuerst zu entwickeln und zu bilden anfieng; die
Bekanntschaft mit allen denen, die sich um diese Bildung
zuerst verdient machten; die Achtung dieser Männer, die
er sich durch seine frühern poetischen Versuche erwarb,
vereint mit dem Beyfall, welchen das Publikum seinen
ersten, in den Belustigungen und Bremischen Beyträgen gedruckten Gedichten schenkte; das alles begün-
stigte und ermunterte diese Neigung zu sehr, und erhielt
ihn seinem ersten Lieblingsgeschäfte auch ferner, auch sein
ganzes Leben hindurch, getreu. Gottsched, dem die Ermunterung vieler guten Köpfe noch immer zum Verdienste gereicht, wenn es ihm gleich oft mehr darum zu thun
war, sich in ihnen Jünger und Lobredner, als den Musen Lieblinge und Verehrer zu bilden, wurde gar bald
auf seine poetischen Fähigkeiten aufmerksam, und veranlaßte die erste Bekanntmachung seines Renommisten in
den Belustigungen. Allein, da Gottsched der An-
häng-

hänglichkeit besserer Köpfe nicht lange genoß, die zu viel
eigne Kraft fühlten, um sich über ihre ersten Schritte
hinaus immer noch fortgängeln zu lassen, die seiner An-
maßlichkeit und Herrschaft gar bald müde wurden, den
Abstand, in dem er und sein Geschmack sich noch von
der wahren Schönheit und Vollkommenheit befanden,
und vornehmlich seine dichtrische Schwäche und Einge-
schränktheit nur zu lebhaft einsahen; so konnte auch Zachariä nicht lange in der Schaar seiner Jünger zurück-
bleiben. Sein guter Schutzgeist führte ihn bald in die
Gesellschaft jener vortrefflichen Männer, deren Talent
und Kultur sich damals so ungemein auszeichnete, die
sich durch Losreißung von den so schädlichen Vorurthei-
len des Ansehens, und eines mißverstandnen übertriebe-
nen Patriotismus, der vielmehr Dünkel und National-
stolz war, durch eifriges, besser gerichtetes Studium der
alten und ausländischen Literatur, durch geschmackvolle
Nachbildung derselben, durch gründliche, strenge Kritik,
und noch mehr durch eigne vorzügliche Geistesfähigkeiten,
das bleibende Verdienst erwarben, Stifter und Ermun-
terer des guten Geschmacks in Deutschland zu werden.
Zachariä, dessen treffliche Anlagen sie erkannten, wurde
bereitwillig in ihre Gesellschaft aufgenommen, genoß ihrer
Ermunterung, ihrer Belehrung, ihres Beyfalls, ihrer

vertrau-

ten Freundschaft; und hatte die Freude, mit einigen von
ihnen, mit seinem Gärtner, Ebert und Schmid,
auch in der Folge, und für den ganzen Rest seines Lebens, durch gemeinschaftlichen Aufenthalt an einerley
Orte, durch gemeinschaftliche Pflichten und Geschäfte
bey einerley Institut, verbunden zu bleiben.

Nach einem dreyjährigen Aufenthalt in Leipzig,
und einer kurzen Rückkehr zu den Seinigen, gieng er im
J. 1747 um Ostern nach Göttingen. Hier war er vornehmlich bey dem verstorbenen Rath Claproth sehr beliebt, der ihn auch, als damaliger Senior, in die deut-
sche Gesellschaft aufnahm. Am schätzbarsten aber war
ihm, während dieses Aufenthalts, der tägliche vertraute
Umgang und die verbindliche Freundschaft des itzigen
Herrn Regierungspräsidenten, Freyh. von Gemmin-
gen zu Stuttgardt, der damals in Göttingen studirte.
Beyder gemeinschaftliche Lieblingsneigung knüpfte diese
Freundschaft immer fester, und machte sie auch für die
Folge dauerhaft. Es war eine Wirkung dieser Freundschaft, und der besondern Hochachtung gegen des Freyh.
v. G. schriftstellerische Verdienste, wodurch die von dem
sel. Zachariä im J. 1769 besorgte neue Ausgabe der
Poetischen und Prosaischen Stücke seines Freundes
veran-

veranlaßt wurde, deren Vermehrung aus handschriftli-
chen Aufsätzen entstand, welche sich, als Materialien einer
neuen vollständigern Auflage, deren Verlag der hiesigen
Fürstlichen Waisenhausbuchhandlung bestimmt war, in
den Händen des Herausgebers befanden. Dieser gieng
indeß in seiner freundschaftlichen Ungeduld, so schätzbare
Stücke bald gedruckt zu sehen, vielleicht zu weit, wurde
durch die anhaltenden bescheidenen Bedenklichkeiten seines
Freundes vielleicht zu bald ermüdet, und veranlaßte durch
seine freywillige Bekanntmachung dieser Schriften eine
öffentliche und feyerliche Protestation ihres verdienstvollen
Verfassers *).

Die erste Beförderung, als herzoglicher Hofmeister beym Collegio Carolino in Braunschweig, erhielt er
im Jahre 1748. Seine Liebe zu den schönen Wissenschaften, sein richtig gebildeter Geschmack, seine vertraute
Verbindung mit den besten Köpfen Deutschlands, wovon sich manche, theils immer, theils eine Zeitlang, hier
in Braunschweig aufhielten, wurden für seine Unterge-
bene Beyspiel und Ermunterung; und durch den leichten,
gefälligen Ton seines Umgangs mit ihnen, gewann er ihr
Zutrauen und ihre Freundschaft. Ich nenne von denen,
die

*) In der Allgem. Deutschen Bibliothek, B. VIII. St. 2.

die während ihres Aufenthalts auf unserm Kollegium seiner Aufsicht anvertrauet waren, nur den itzigen königl.
preußischen Staatsminister, Freyherrn von Zedlitz, dessen große Einsichten und mannichfaltige Kenntnisse, dessen
so seltne Verdienste, besonders um Beförderung ächter
Gelehrsamkeit und weiser Erziehung, itzt Gegenstände all-
gemeiner, immer wachsender Bewunderung sind; und den
markgräfl. bayreuthischen Kammerherrn und Oberforst-
meister, Freyherrn von Spiegel, dessen feines und edles
Dichtergefühl, das hier seine erste Bildung und Rich-
tung erhielt, in den, nur noch zu einzelnen, Früchten
seiner Muse so sichtbar und verehrungswürdig ist. Wie
gern Zachariä die ersten glücklichen Entwicklungen dich-
trischer Talente wahrnahm, ermunterte und bekannt
machte, davon zeugt auch die im J. 1767. von ihm ver-
anstaltete kleine Sammlung der Gedichte des in seinem
siebenzehnten Jahre verstorbenen Herrn von Lucke, und
sein Vorbericht zu dieser Sammlung.

Im Jahre 1761 ernannten ihn unsers hochsel. Herzogs Durchlaucht zum ordentlichen Professor der Dichtkunst bey eben dem Institut, dem er bisher als Hofmeister
seine Dienste gewidmet hatte. In seinen Vorlesungen
lehrte er die Theorie der schönen Wissenschaften, nach dem

Batteux,

Batteux, und die Mythologie, nach dem Pomey und
Gautruche; auch stellte er mit denen, die Anlage und
Neigung zur Poesie hatten, praktische Uebungen an.

Es war ihm ein neuer Beweis von der Gnade und
dem Vertrauen seines Landesherrn, daß ihm im J. 1762
die Aufsicht über die Buchhandlung und Buchdruckerey
des fürstl. Waisenhauses, und über die hiesigen Intelligenzblätter übertragen wurde. Durch thätige Aufmerksamkeit auf die Vortheile der gedachten Buchhandlung,
durch den ihr verschafften Verlag vieler nützlicher und gang-
barer Schriften, und durch seine eigne Arbeiten für diesen
Verlag, machte er sich dieser Aufsicht eben so würdig, als
durch seine rege Sorgfalt für die Aufnahme der ihm
untergebenen Buchdruckerey, die während seiner Direktion
viele wesentliche Vortheile und Verbesserungen erhielt. *)
Mit der Direktion der Intelligenzblätter war zugleich die
Heraus-

*) Hier werden folgende Verse von ihm am rechten Orte stehen,
die an der verwittweten Frau Markgräfinn von Bayreuth
Hochfürstl. Durchlaucht gerichtet sind, als Dieselben, den 28.
November 1769, in Gesellschaft der übrigen hiesigen fürstl.
Herrschaften, die Buchdruckerey des Waisenhauses in Augen-
schein nahmen. Unter der Presse, an welcher man dieser er-
habenen

Herausgabe der sogenannten gelehrten Beyträge verbunden, die jenen allemal beygefügt werden, und für gemeinnützige Aufsätze mancherley Art bestimmt sind. Diese besorgte er bis zum Jahre 1774, da er jene dreyfache Aufsicht

habenen Fürstinn den Mechanismus des Druckens zeigte, lagen diese Verse schon gesetzt; und ihr Anblick war, da die Presse geöffnet wurde, sehr überraschend:

Sieh, große Fürstinn, hier eröffnen sich die Schranken
Der weiten Ehrenbahn, um die so manche Nacht
Der Dichter und der Weise wacht.
Hier ist die Werkstatt, welche die Gedanken,
Die ein erhabner Geist gedacht,
Durch feste Zeichen sichtbar macht.
Hier wird Unsterblichkeit dem Blatte mitgegeben;
Doch öfters auch Vergessenheit.
Hier schöpft der Ruhm, nach dem sie alle streben
Die Söhne der Gelehrsamkeit,
Hier schöpfet er ein dauerhaftes Leben,
Und legt bald drauf hier tausend Flügel an,
Wodurch er zu den Sternen sich erheben,
Ins weiteste Land sich schwingen kann,
Und, wenn Unsterblichkeit das Siegel ihm gegeben,
Hindurch

sicht freywillig abgab, und mit anderweitigen Vortheilen
vertauschte. Auch war er vom J. 1768 bis 1774 Herausgeber der Neuen Braunschweigischen Zeitung, und
Verfasser der meisten darin befindlichen Anzeigen und Be-
urtheilungen neuer Schriften.

Seine

Hindurch bringt in die spätste Zeit,

Und, bey dem Umsturz mächt'ger Reich' und Thronen,

Und beym Verfalle ganzer Nationen,

Fortlebt im Heiligthum der sichern Ewigkeit.

Welch eine Menge todter Lettern

Liegt hier verbreitet! Und wie bald

Verbindet sie in redender Gestalt

Des Künstlers Hand! itzt, Helden zu vergöttern,

Itzt, die allsiegende Gewalt

Der Liebe zu erhöhn; itzt, Klagen auszuschütten,

Und itzo, Tugend und Moral

Zu predigen den Thronen und den Hütten.

Sieh dieser Lettern ungeheure Zahl,

Verehrte Fürstinn! — Und, sie allzumal

Sind doch fast kaum genug, in ganzer Blätter Reihn,

Dir die Bewundrung auszudrücken,

Die alle, welche Dich erblicken,

Dir, kronenwürd'ge Fürstinn, weihn.

Seine Verheyrathung mit der Demoiselle Henriette Wegener, die er d. 6 Januar 1773 vollzog, war die Folge einer längst getroffenen, durch fortgesetzte gegenseitige Zuneigung und Liebe geprüften und bewährten Wahl. Er besaß in ihr, während der kurzen Zeit seines ehelichen Lebens, eine zärtliche, für sein Wohl und seine Pflege, besonders in seiner letzten langwierigen Krankheit, äußerst geschäftige und bekümmerte Gattin, die auch itzt noch als Witwe auf seinen Besitz, als auf das größte Glück ihres Lebens, mit froher, dankbarer Erinnerung, und auf seinen Verlust, als auf die schmerzhafteste Beraubung ihres Glücks, mit immer neuer, lebhafter Wehmuth zurück sieht *).

Zu Anfange des 1775sten Jahrs ertheilte ihm die Gnade unsers hochseligen Herzogs das Kanonikat bey dem hiesigen St. Cyriaksstifte, das durch den Tod des Herrn Geheimenraths von Schliestedt, gewesenen Dechants dieses Stifts, erledigt war.

Es

*) Ein Beweis seiner ehelichen Zärtlichkeit sind die diesem Vorberichte angehängten Verse an seine Gattinn, denen, auch ihres poetischen Werths wegen, eine Stelle in dieser Sammlung gebührte, nach deren Vollendung sie mir erst in die Hände kamen.

Es war um eben diese Zeit, da seine sonst sehr feste
und dauerhafte Gesundheit durch ein anhaltendes Fieber
erschüttert wurde, und auch, nach dessen Aufhörung,
wankend und unsicher blieb. Zwar freute er sich von Zeit
zu Zeit einer anscheinenden Besserung, und hoffte die
Vollendung derselben durch eine Reise zu erhalten, die er
im Sommer des Jahrs 1776 nach Pyrmont that, wo
ihn der Gebrauch des Brunnens und des Meinberger
Bades völlige Genesung zu versprechen schien. Durch
die vorzüglichen Gnadenbezeugungen des Durchl. Fürsten
von Waldeck ermuntert, faßte er den Vorsatz, ein größ-
feres Gedicht, Pyrmont-Elysium, zu verfertigen, und
machte wirklich den Anfang dazu in der von seiner anscheinenden Genesung hergenommenen Einleitung des ersten Gesanges, die er an einen seiner würdigsten und ver-
trautesten Freunde, den Hrn. Kammerherrn v. Kuttzsch,
richtete, zu dem, während seiner Abwesenheit auf seinen
sächsischen Gütern, ein falsches Gerücht von dem Tode
des Dichters gekommen war. Ich habe auch dieß Frag-
ment der nachstehenden Sammlung eingerückt, weil es
seine letzte poetische Arbeit, und von ihm noch kurz vor
seinem Tode mit zitternder Hand abgeschrieben ist.

* *

Im

Im November eben dieses Jahrs verschlimmerte sich seine Krankheit immer mehr. Ein offner Beinschaden, der eine große Verderbniß der Säfte verrieth, widerstand allen Versuchen seines geschickten Arztes und Wundarztes. Und wenn gleich von Zeit zu Zeit seine und seiner Freunde Hoffnung durch einzelne Blicke anscheinender Genesung belebt wurde; so gieng doch die Krankheit in eine zuletzt mit Auszehrung verbundne Wassersucht über, und eine Reihe peinlicher Leiden brachte endlich seinen Tod herbey. Er starb den 30sten Januar 1777, im ein und funfzigsten Jahre seines Alters. Ein zahlreiches Gefolge seiner Freunde begleitete seinen Leichnam mit innigster Betrübniß zum Grabe, an die Seite seines kurz vorher verstorbenen vertrauten Freundes, unsers verdienstvollen Kammerraths Oeder. Beyder Grabmäler, aus blankenburgischem Marmor verfertigt, stehen auf dem Gottesacker der hiesigen Katharinengemeine neben einander. Dem sel. Zachariä ist es von seiner Wittwe gesetzt, mit folgender Inschrift aus seiner Ode, die Begräbnisse *):

Ruhet

---

*) In der neuesten Ausgabe seiner Poetischen Schriften, S. 210.

Ruhet nun sanft, o ihr entschlafnen Gebeine!
Moder und Staub wird euch nur herrlicher machen.
Herrlicher noch sollt ihr die zärtlichen Freunde
Und die Geliebte sehn!

Wir, die wir ihn kannten, schätzten, liebten, wir,
seine ältern und jüngern Freunde, denen sein Umgang so
viel Freude gab, wir fühlen den Verlust noch immer sehr lebhaft, den wir durch seinen Tod erlitten haben; desto lebhafter, da wir kurz vor ihm, und bald nach ihm so manche andre vortrefliche Männer aus unserm Zirkel verloren:
einen Rautenberg, Oeder, Mittelstedt, Wagler,
und zuletzt auch Ihn, den Einzigen! Ihn, auf dessen Besitz wir so stolz seyn durften, und dessen Freundschaft mir
unvergeßlich ist — unsern Lessing!*) — Wir ersetzt sie
uns? und wie wenige solcher Männer, solcher Freunde
bleiben uns noch! —

* * 2   Viele

---

*)   —   —   —   Er wird
Mir ewig werth, mir ewig werther, als
Mein Leben bleiben; wenn auch schon mehr Puls
Nicht mehr bey seinem bloßen Namen wechselt,
Nicht mehr mein Herz, so oft ich an Ihn denke,
Geschwinder, stärker schlägt!
                    Nathan der Weise, Akt III, Sc. 3.

Viele schätzbare, liebenswürdige Eigenschaften des Geistes und des persönlichen Charakters machten Zachariä's Freundschaft allen denen werth, die ihn in der Nähe zu kennen Gelegenheit hatten. Manche darunter können selbst den Lesern seiner Gedichte nicht fremd geblieben seyn, weil sie überall zu hell aus ihnen hervorleuchten. Er besaß eine sehr empfängliche, blühende, reiche Einbildungskraft; ein lebhaftes und dabey richtiges Gefühl des Schönen und Wahren; einen durch Beobachtung und Weltkenntniß geläuterten und veredelten Geschmack; Anstand und Würde im äussern Betragen, der edlen, vortheilhaften Bildung seines Körpers völlig gemäß. Er liebte die ländliche Natur ungemein; und genoß ihrer Gaben und Freuden mit dankbarer Empfindung. Dabey hatte sein Umgang sehr viel reizendes. Er schätzte die geselligen Freuden sehr, und war gemeiniglich die Seele der Gesellschaft, durch seine leichte, natürliche Munterkeit, durch seine willige Theilnehmung an Scherz und Aufheiterung, und durch seine sehr glückliche launichte Erzählungsgabe.

Als Dichter arbeitete er mit ausnehmender Leichtigkeit, und wußte den ihm sehr ergiebig zuströmenden poetischen Ideen und Bildern meistens eine glückliche und gefällige Form zu geben. Oft hielt ihn freylich selbst diese

Fülle

Fülle und Leichtigkeit der Erfindung und Darstellung von
der nöthigen Strenge der Auswahl, von der feinern Kor-
rektheit und Vollkommenheit zurück, die der Kenner in
manchen seiner Gedichte desto ungerner vermißt, je leich-
ter und gewisser sie oft, wie es scheint, bey größerer An-
strengung und längrer Muße, einem so treflichen Kopfe
hätten gelingen müssen.

Er versuchte sich in den meisten Dichtungsarten *);
keine aber gelang ihm so sehr, als die beschreibende und
die komisch-epische. Seine scherzhaften Heldengedichte
unterschieden sich, vollends zur Zeit ihrer ersten Erscheinung, von allen dem ganz ungemein, was bisher in dieser Gattung unter uns geliefert war; und einige darunter, besonders sein Phaeton, verdienen noch itzt den ersten Rang unter den deutschen Gedichten dieser Art; wie
seine Tageszeiten, ihrer vielen einzelnen Schönheiten und
treffenden Schilderungen wegen, eine der vorzüglichsten
Stellen unter unsern beschreibenden Gedichten. In der
lyrischen Gattung gelang ihm die höhere Ode weniger,
als das gefällige Lied. In der musikalischen Poesie war

** 3

er

*) Auch in der dramatischen; denn von ihm ist ein zu Hamburg
im J. 1770 gedrucktes kleines Lustspiel: Der Adel des
Herzens.

er desto glücklicher, weil er in der Musik ausübender
Kenner war. Erst nach seiner Rückkehr aus Leipzig studirte er zu Frankenhausen die Anfangsgründe dieser Kunst
bey dem dortigen Organisten Wagner; und schon ein
Jahr hernach machte er Versuche in der Komposition.
Zu Braunschweig fand diese seine Neigung von allen
Seiten Nahrung und Ermunterung; unter andern auch
durch den täglichen Umgang mit unserm verdienstvollen
Fleischer, dem er seine musikalischen Versuche zur Prüfung und Berichtigung vorzulegen pflegte. Das Publikum nahm die doppelte Sammlung musikalischer Versuche, die er 1760 herausgab, mit Beyfall auf. *)

Je weniger überhaupt sein Geist bey Besorgnissen
und Schwierigkeiten lange zu verweilen, oder sich dadurch abschrecken zu lassen pflegte; desto entschlossener
war

*) In Hrn. Marpurgs Beyträgen zur Aufnahme der Musik
steht Th. III. S. 71. f. f. ein launichter Brief von ihm,
über das musikalische Ausschreiben, der seiner Offenherzigkeit
Ehre macht. — Unter seinen Papieren fand ich ein ziemlich
langes Schreiben an eine Dame über die französische Musik,
das aber itzt zu bekannte und von Rousseau nachdrücklicher
gesagte Wahrheiten enthält. Auf dem Umschlage steht der
Titel: Musikalische Briefe; ein Beweis, daß er deren
mehr schreiben wollte.

war er zu manchen schriftstellerischen Unternehmungen, deren Ausführung manchen andern lange Bedenklichkeit und Ueberlegung gekostet hätten. So übernahm er die hexametrische Uebersetzung von Milton's Verlornem Paradiese, und vollendete sie in kurzer Zeit. Selbst die Leichtigkeit, mit welcher ihm diese Arbeit gelang, hinderte ihn an ihrer gehörigen Vollendung und Ausfeilung, vornehmlich in Ansehung des Wohlklangs und schönen Versbaues. Zwar machten ihn einige Kritiken, besonders die im zehnten Bande der Literaturbriefe, auf diese Mängel aufmerksam, und veranlaßten bey dem neuen Abdrucke dieser Uebersetzung, in den drey letzten Bänden seiner Poetischen Schriften, beträchtliche Veränderungen; allein die höhern Foderungen der Kritik wurden nicht dadurch befriedigt.

So suchte er auch die eben gedachte, im Jahr 1763 angefangne neue Ausgabe seiner sämtlichen Poetischen Schriften, in neun Bänden, durch manche Verbesserungen, des zuvorkommenden Beyfalls würdig zu machen, den schon ihre Ankündigung erregt hatte, und wovon das zahlreiche Verzeichniß der Pränumeranten ein Beweis ist.

Längst

Längst schon war es sein Wunsch und Vorsaz gewesen, sich durch ein ernsthaftes Heldengedicht neues Verdienst um unsre poetische Literatur zu erwerben. Den Entwurf einer Religionsepopöe, wovon die Schöpfung der Hölle und die Unterwerfung gefallner Engel nur Versuche und Fragmente sind, gab er bald wieder auf. Desto länger beschäftigte ihn der Plan seines Cortes, wovon im J. 1766 die vier ersten Gesänge gedruckt wurden. Ich verweile mich hier bey der kritischen Würdigung dieses Gedichts um desto weniger, da ich schon ehedem eine umständliche Prüfung der vier ersten Gesänge angestellt habe *). Ungeachtet der Rechtfertigungen, wodurch der Dichter den Einwürfen wider die Wahl seines Helden, und wider den Gebrauch des Wunderbaren überhaupt, und aus dem christlichen Religionssystem insbesondre, in der Vorrede vorzubeugen suchte, sah er doch in der Folge selbst ein, daß nicht nur diese Einwürfe gegründet waren, sondern daß sie so viel Schwierigkeiten für ihn selbst bey der weitern Ausführung wurden. Er änderte daher den Plan seines Gedichts völlig; er nahm die Maschinerey der Engel und gefallnen Geister ganz hinweg; er betitelte sein Gedicht nicht mehr nach dem Helden,

---

*) In der Neuen Bibliothek der schönen Wissensch. B. III. S. 77 — 93.

den, sondern nach der Haupthandlung; und da er es nur schlechthin ein Gedicht nannte, so wich er dadurch dem Vorwurfe aus, daß es kein eigentlich episches, sondern bloß historisches Gedicht sey. Er war Willens, die ersten Gesänge ganz umgearbeitet zu liefern, wie er in dem Vorbericht der neuesten Ausgabe seiner Schriften (Braunschw. 1772. 2 Bände, gr. 8v.) ankündigte. Auch fand ich unter seinen Papieren Beweise von der angefangnen Ausführung dieses Vorsatzes: den ersten und zweyten Gesang stellenweise verändert und verkürzt, wovon ich in nachstehender Sammlung ein paar Proben mittheile, und den Plan der ersten sechszehn Gesänge auf eben die Art — meistens nach dem Leitfaden des Antonio de Solis — entworfen, wie er den vier ersten Gesängen beygedruckt ist. Auch diesen Entwurf habe ich mit abdrucken lassen, und ergänze hier die Anzeige des Inhalts der übrigen acht Gesänge aus einer nur ganz summarischen Angabe davon, die ich, mit der Bleyfeder, kaum leserlich, auf einem kleinen einzelnen Blatt entworfen finde:

„17. Eroberung verschiedener Städte. Die Brigantinen werden ins Wasser gelassen. Verschiedene „Seeschlachten.”

** 5 18. Ei-

XXVI

„ 18. Einige Anfälle auf Mexiko. Abermalige
„Niederlage der Spanier. Gusman, nebst noch eini-
„gen andern Spaniern, gerathen dem Feinde lebendig
„in die Hände.“

„ 19. Almeria geht feyerlich nach Mexiko, wirft
„sich dem Gatumozin und ihrer Schwester Olunna
„zu Füßen, und bittet um ihres Gemahls Loslassung.
„Gatumozin ist dazu geneigt; Olunna aber hinter-
„treibt es.“

„ 20. Gusman und die übrigen Spanier werden
„geopfert. Almeria ersticht sich im Tempel. Erfin-
„dung glühender Kugeln, wodurch der Tempel des
„Waffengottes in Brand gesteckt wird.“

„ 21. Neue Anfälle der Spanier. Sie setzen sich
„endlich auf dem großen Markte fest.“

„ 22. Die Friedensunterhandlungen fangen an.
„Zweykampf zwischen einem Riesen und Cortesens
„Waffenträger.“

„ 23. Der Kaiser sucht zu entfliehen; wird aber
„gefangen genommen.“

„ 24. Gatumozin und seine Gemahlinn erstechen
„sich.“

Ein

Ein sehr nützliches und patriotisches Unternehmen war ohne Zweifel säne Sammlung Auserlesener Stücke deutscher Dichter, wovon der erste Band im J. 1766, und der zwepte 1771 herauskam. Zu der Fortsetzung dieser Chrestomathie, die ich vor drep Jahren anfieng, fand ich durchaus nichts vorgearbeitet; vielweniger konnte mir, wie damals ein Rezensent sehr voreilig annahm, die Bibliothek meines verstorbenen Freundes bep dieser Unternehmung behülflich sepn.

Bep dieser Gelegenheit, die ihn zur nähern Bekanntschaft mit unsern ältern Dichtern führte, veranlaßte ihn die Lesung der Fabeln von Burkard Waldis zu Versuchen in der nämlichen Erzählungsart; und dieser Versuche wurden in kurzer Zeit so viele, daß er davon im J. 1771, aber ohne seinen Namen, einen ganzen Band herausgab. Die Ursache dieser Verschweigung seines Namens habe ich schon in der Vorrede zu der neuen Ausgabe dieser Fabeln angeführt. Eben so verhielt er sich bep dem Abdruck der Zwey schönen neuen Mährlein, die ich, weil sie fast schon vergriffen sind, in die gegenwärtige Sammlung mit aufgenommen habe, von deren Entstehung und Einrichtung ich noch ein paar Worte sagen muß.

Zacha-

Zachariä's Muse war in seinen letzten Lebensjahren zwar nicht müssig; aber doch bey weiten so fruchtbar nicht mehr, als ehedem. In dem letzten dieser Jahre schien sie neue Wirksamkeit zu erhalten; er vollendete darin nicht nur das Gedicht Tayti, sondern machte, selbst während seiner letzten Krankheit, noch manche poetische Versuche und Entwürfe. Auch redete er oft von dem Vorhaben, eine neue Sammlung heraus zu geben. Nach seinem Tode wurde der hinterlassene Vorrath seiner poetischen Handschriften von seiner Frau Witwe mir anvertraut; und ich versprach ihr die mit den Lebensumständen des Verstorbenen begleitete Bekanntmachung dieses Nachlasses. Ich gestehe, daß ich, nach jener Aeusserung des sel. Zachariä, mehrere und beträchtlichere Stücke in Händen zu haben hoffte, als ich bey genauerer Durchsicht dieser Papiere fand. Indeß war mein Wort gegeben; und bey den meisten der nachstehenden Stücke war die Bestimmung zum Druck in einer Sammlung offenbar von ihrem Verfasser angedeutet. Dieß muß mich über ihre Bekanntmachung selbst vor dem strengern und eklern Kenner rechtfertigen; besonders in Ansehung einiger Gelegenheitsgedichte; deren ich weit mehr hätte liefern können, wenn ich durchaus alle Wahl, und mit ihr die Achtung hätte beyseite setzen wollen, die ich hierin sowohl dem Publikum, als selbst der Asche des Dichters

schuldig

schuldig zu seyn glaubte. Unter jenen zurückgelegten Gedichten befindet sich auch ein im Oktober 1774 geschriebe-
nes musikalisches Drama, die Feste der Thetis, bey
Gelegenheit der Vermählung des königlichen Erbprinzen
Friedrich von Dännemark mit der Prinzessinn Sophie
Friederike von Meklenburg Schwerin. Es wurde von
ihm in wenig Tagen, auf Verlangen der höchsten Herrschaften zu Schwerin, verfertigt, die ihn durch eine eigne
Stafette dazu auffodern liessen. Aber eben dieser Eilfer-
tigkeit wegen blieb es eine der unvollkommensten Arbeiten
unsers Dichters.

Von den drey ersten Stücken der gegenwärtigen
Sammlung muß ich noch erinnern, daß sie die Reihe
mehrerer ähnlicher Gedichte anheben sollten, die ihr Verfasser unter der Aufschrift, Melancholeyen, zu schreiben
willens war. So manche Entwürfe, so manche, kaum
angefangne Ausführung derselben, unterbrach sein Tod!—
Wem dieser Tod noch immer zu frühzeitig dünkt, wer sein
Verdienst erkennt, sein Grab verehrt, dem werden auch
die hier gelieferten einzelnen Bruchstücke nicht ganz un-
wichtig seyn.

Gedicht

Gedicht des Verfassers

an

seine Henriette *);

an ihrem Geburtstage, den 13 März, 1774.

————

Beglückter Tag! da ward sie dir geboren!

Da lächelte das Antlitz von Auroren

Dem kleinen Mädchen zu!

Zephyre flüsterten den Namen Henriette,

Und wiegten sie auf einem Blumenbette

Zum erstenmal in süße Ruh.

Der Frühling schüttelte von seinen Purpurschwingen

Die besten Veilchen auf die Wieg' herab,

Und hieß die Nachtigallen früher singen,

Da sie die ersten Laute gab.

Ein Kreis von muntern Amoretten

Stand um sie her mit Blumenketten

Und

*) S. die Note zu S. XVI.

Und Rosenkränzen in der Hand,

Zu denen sich die Grazien gesellten

Im luftigen Gewand.

Sie sahn dich an, nachdenkend an, und stellten

Dir die Nativität, in der geschrieben stand:

„Dieß Mädchen wird dereinst so treu, so zärtlich lieben,

„Als keine je geliebt,

„Und einer wird sie wieder lieben,

„Als keiner sonst geliebt."

Und nun, ihr Schwestern, sprach mit süßem Lachen

Aglaja, laßt uns ihr Geschenke machen!

Ich geb' ihr Munterkeit und Witz, und leichten Scherz.

Und ich, erwiedert Euphrosyne,

Ich gieß' ihr Leben in die Mine,

Und Zärtlichkeit ins weiche Herz.

Von mir, versetzte drauf der holden Schwestern dritte

Erhält Sie Tanz und Harmonie im Schritte,

Und Fertigkeit zu Saitenklang,

Und eine Kehle voll Gesang.

So sprachen sie, und hauchten unter Küssen

Dieß göttliche Geschenk ihr ein,

Und schneller schienen nun die Blumen zu entsprießen;

Und schöner leuchtete des frohen Tages Schein.

O, wohl

O, wohl mir! daß ein gut Geschicke,
Geliebte, dich mir zugeführt!
Kehrt, goldne Stunden, öfters noch zurücke
Im frohen Wechseltanz, und ziert
Ihr Haar mit Blumen! Schüttet alle Freuden
Aus eurem Füllhorn; und der leichte Mann,
Der sich kein Glück Vermählter denken kann,
Der seh das Beyspiel an uns beyden!

Gedichte.

An mein Jahrhundert.

och immer rauscht dein stürmereicher Strom,
Furchtbar Jahrhundert, trüber Tage Laß
Zum Ocean der Zeit! Noch brüllet laut
Der Donner Rußlands vor dem ehrnen Thor
Der Dardanellen, und Rumanzofs Schwert
Verbreitet Schrecken bis zum Kayserstuhl
Des für Entsetzen bleichen Mustapha;
Indeß er unter Sultaninnen sitzt,
Und Millionen beut, den Rächerstahl
Von seinem Stambul abzulenken.   Noch
Frißt, allverheerend, myriadenweis,
Die Pest, o Asia, dein bebend Volk;
Und meilenlangen öden Gräbern gleich
Stehn Bagdad und Bassora. Und hat nicht
Der blasse Hunger mehr als einmal schon,
Verheerter Erdball, über dir geschwebt?

Ha! wie mit Riesenschritt das scheußliche
Zähnfletschende Phantom durchs wüste Land
In beyden Hemisphären stieg! Wie Brod
Das Erzgebirge, kraftlos, hülflos, Reiß
Bengala schrie! Ha! wie der starre Blick
Halblebende verzehrte Leichen sah
Hinunter taumeln in das Grab! Weh! weh!
Dem Lande, dreymal weh! dem armen Volk!
Rief laut der Todesengel durch die Luft.
Und o der Schreckenstage, da der Schlund
Der Erde fürchterlich sich aufthat! Dampf
Und Flammen athmend, und in Schutt und Graus
Der Länder Stolz, der Völker Schutz begrub!
Noch jammerst du am Tagus, Königsstadt,
Zerrüttete Lisboa! Noch liegst du
Halb in Ruinen an des Meeres Strand,
Du wollustreiche Lima! laut Geheul
Der Todes-Angst gellt noch in meinem Ohr
O Guatimala, die die Erde frißt!
Und welche Nacht, Batavia! da du
Ein weites Flammenmeer im Feuersturm
Erblicktest, und darinn ein zahlreich Volk
Um dein Gebirg, Panimbo, sinken sahst!

So, armer Sterblicher, ist die Natur
Im steten Aufruhr, und du bist der Raub
Von jeder Wuth der Elemente! Sturm,

Erdbeben, Pest, und Hunger, und des Kriegs
Verwüstend Schwerdt, hat, dir zum Untergang,
In dieser Jahre Kreislauf sich vereint!
Wenn dort die Hälfte dieses Erdenballs
Für Hitze schmelzte; wenn jedweder Halm
Nach Regen dürstete: goß wilde Fluth
Der Himmel hier aus allen Urnen aus.
Furchtbarer auch, als jemals, kam vom Nord
Der Winter. Unter ihm ward See und Fluß
Zu Felseneis. Der Fruchtbaum spaltete
Vom Haupt zur Wurzel nieder, und die Flur
Sah plötzlich ihrer Saaten Grün verwelkt.
Erschrocken flüchtete die Nachtigall
Zurück aus Hainen, noch im späten Lenz
Mit Schnee bedeckt, und unterm Frost verdorrt.

Und wie zerrüttet, wie dem Chaos gleich,
Hab ich, Vernunft, dein schwaches Reich gesehn!
Wie schleppest du des Aberglaubens Joch,
O mein Jahrhundert, noch so zahm! Wie herrscht
Die Macht des Vorurtheils, des Ansehns Macht,
Noch über uns mit eisern Zepter! Sieh!
Wie benedeyt des Mönches Wuth den Dolch,
Auf Könige gezückt! gezücket selbst
Auf ihn, den so berauscht sein schmeichelnd Volk
Den Vielgeliebten nennt! Mit Zittern fällt
Am Tagus dort der fliehende Monarch

Jn

In seinen Wagen nieder vor dem Stral
Des Mörderrohrs, das auf ihn donnerte!
Wie schnell faßt drauf Gerechtigkeit ihr Schwert,
Und ruft den Henkern! O wend ab den Blick
Mit Schaudern, o Lisboa, vom Gerüst
Des Metzelns, wo der größten Namen Stolz
Besudelt ward; wo das Entsetzen laut
Arciro schrie, und von des Büttels Hand
In Martern selbst der Frauen Erste starb!
Und doch umsonst raucht der Verbrecher Blut!
Sarmatia sieht Scenen wiederhohlt,
Der Menschheit Schande! Dort sieht am Altar
Die Mörderrotte vor dem Wunderbild
Der Mutter Gottes, dein Idol, o Rom!
Der Eide schwärzester, furchtbarster schäumt
Von ihren Lippen. Und schon sieht die Nacht
Die freche That beginnen. Blitz und Dolch
Fährt, edler Stanislaus, um dich her.
Dein Blut fließt; dennoch wirft der Wütrich dich
Aufs wilde Roß, rennt zügellos mit dir
Durch Haid und Wald, und halb ein Wunderwerk
Befreyt dich erst aus solcher Tyger Klau.

Aus dieser Tyger Klau errettet dich
Ein Wunderwerk: kein zweytes Wunderwerk
Errettet, friedeseufzender Monarch,
Dich aus der Zwietracht Schlund. Der Mächtgen Loos
Theilt

Theilt unter sich dein Land; dein freyes Reich,
Sonst Stambuls Schrecken, schmiegt sich unterm Schwert,
Und küßt die Ketten, die der Fremd' ihm reicht.

Wo denn, o güldne Freyheit, wo bist du
Vor der Despoten Schwert noch hingeflohn?
In welchem Winkel dieses Erdballs fand
Dein Fuß noch Zuflucht? Tapfres Inselvolk,
Was half es dir, des Königkaufmanns Joch
So glücklich abzuwerfen? Ach! dein Blut
Vergossest du umsonst für Vaterland,
Und Freyheit! Paoli, dein Schutzgott, flieht,
Und Geiz und Tyranney verkaufen dich,
Wie eine Heerde zahmen Wollenviehs,
Dem Vielgeliebten, der dir Schauspiel, Tanz,
Und Leichtsinn sendet, und Galanterie,
Dich umzuschaffen. Und nur allzusehr
Gelingt es ihm! Dein Stahl, o Corsika!
Ist stumpfer, und entnervt dein tapfrer Arm!

O sagts nicht an, was unser Auge sah,
Dem kommenden Jahrhundert! Denn wo hebt
Eroberungssucht, Alleinregierungssucht,
Nicht auf ihr hartes schweres Zepter? Wo
Kriecht nicht im Staube sclavisch zu ihr hin
Der Nationen Schaar? Wo giebt das Schwert,
Allmächtig, nicht Gesetze? Wo herrscht nicht

A 4

D.

Der heiſſe Durſt nach dem verworfnen Gold?
Und dennoch häuft der blaſſe Geiz umſonſt
Auf Millionen Millionen auf. Schnell kömmt
Verſchwendung, und zerſtreut den theuren Raub
In alle Winde. Armuth dränget ſich
In den Pallaſt, und bittrer Mangel herrſcht,
Wo Ueberfluß an Göttertafeln ſaß;
Finanzt, und rechnet! Algebra! du zählſt
Umſonſt! und allgemeines Elend herrſcht!

        Und du, o Wahrheit! du, des Himmels Kind,
Noch irreſt du, vom Vorurtheil verfolgt,
Verfolgt von Dummheit, und gelehrtem Stolz,
Auf ſteter Flucht umher. Wo biſt du, Volk!
Das frey darf denken? frey darf ſchreiben? Selbſt,
O du, Britannia, ſiehſt in Gefahr
Die Freyheit, die durch Fauſts und Guttenbergs
Beglückte Zauberey im Augenblick
Mit tauſend Zungen zu den Völkern ſpricht,
Der Feſſeln ſpottend. Noch ſucht allerwärts
Die ſcheue Weltweisheit den vollen Glanz
Von ihrer Fackel vor dem blöden Blick
Unheilger zu verbergen. Wie vernimmt
Die Göttliche, ſo laut ſie auch den Geiſt
Der Duldung predigt, und der Menſchheit Glück,
Der Menſchheit Rechte zu beſchützen, ruft.

                                        Ha!

Ha! möchte mir der höhern Wesen eins
Der Zukunft Hülle wegziehn vor dem Blick,
Und ließ' ihm lichtre beßre Scenen schaun!
Doch lange floſſen ſchon Jahrhunderte
Ins Meer der Zeit, und immer war die Welt
Des Unglücks Heymath; immer war der Menſch
Dem Menſchen gleich; vom Irrthum angelockt,
Vom Vorurtheil beherrſcht: des Mächtgen Sklav!
Wie beydes war, wirſt du, o Zukunft, ſeyn!

Sehnsucht nach Einsamkeit.

Beglücktes Thal, um das sich rund umher
Ein heilger Hain ehrwürd'ger Eichen zieht,
Der dich dem Blick des Wanderers verbirgt,
Bis schnell und auf einmal du vor ihm lachst,
O Sitz der Einsamkeit! du Aufenthalt
Der ruhigen Betrachtung, an der Hand
Des stillen Ernstes, welcher oft hieher
Die Weisheit, seine Schwester, mit sich bringt;
O du, mein Tempe, du, ein Tuskulum,
Und ein Tarent, ein Tribnam mir! wo ich
In mächtiger Begeistrung oft die Laut'
Ergriff, und in die frohen Saiten sang,
Sey mir gegrüßt, du anmuthsvolles Thal!
Ich seh dich wieder! Seyd auch ihr gegrüßt,
Ihr stillen Wohnungen des Landmanns! Nehmt,
O nehmt mich auf in eure sichre Schoos!

Hier schöpf ich Athem. Wie ein Rudersklav,
Der lange Zeit das wilde Meer gepflügt,
Und um sich her nichts weiter sah, als Lust
Von Stürmen schwarz, und Wellen voller Wuth,

lind.

Und rauhe Felſen, himmelan gethürmt,
Um die der Nord geheult; wenn plötzlich nun
Sein Schickſal ihn erlöſt, ihm von dem Fuß
Die ſchwere Kette ſtreift, und froh und frey
An ein Geſtad ihn ſetzt, wo ewger Lenz
Die Fluren ſchmückt, und ſüſſer Wohlgeruch
Von allen Bäumen ihm entgegen haucht;
Wie er da ſteht, ein andrer Menſch, und ſtaunt,
Und um ſich ſieht, und die balſamiſche Luft
Mit ſtarken Zügen geizig in ſich trinkt:
So froh erſtaunt ſeh ich auch um mich her,
Wenn ich einmal vom Kerker finſtrer Stadt
Entfernt mich ſeh; los von der Sorgen Laſt,
Fern von erſtickender Geſchäfte Schwarm,
Die mich umringt, und der beklemmten Bruſt
Schon lange, frey zu athmen, unterſagt.

Wo ſchau ich hin? wo eilt zuerſt mein Fuß
Mit ſchnellen Schritten zu? Du, ſtiller Hain,
Von Buchen aufgethürmt, wo jeder Baum,
Ein Wald iſt, der der Sonne heiſſem Strahl
Den Eingang wehrt; wo immer kühle Luft
Von Zweigen rauſcht, um die der Weſtwind ſpielt;
Einſiedeley! (ſo heiſſeſt du mit Recht,)
Wo ſtille ruhige Melancholey
Zu wohnen liebt, und ſich die Seele gern
In ernſtere Gedanken ſenkt; wie ſtark

Sieht

Ziehst du mich zu dir hin! Ich folg ihm schon
Dem mächt'gen Zug zu dir, o Einsamkeit!
Mich reizte nie ein künstlich Blumenstück,
Mit Glas und Schmelz verziert, und von der Flor
Der buntgefärbten Tulpen überwallt;
Ich gieng vorüber bey dem Prachtbezirk
Der blühenden Orangen, die der Fleiß
Aus seinem Boden riß, und hier mit Zwang
In Pyramidenform gehaun.   Doch nie
Sah ich am Feldbach einen heilgen Baum,
Nie trat ich in den dunkeln Eichenwald,
Und nie empfing mich ein verödet Thal,
Ein Rasensitz, von Felsen überwölbt,
Daß nicht mein Herz gewallt, und über mich
Ein süßer Schauder floß.   Natur, Natur!
O sehnten alle deine Kinder so
Nach deinen Armen sich! wie öde wär
Die Lilienallee, der nakte Platz
Mit Statuen besetzt, der sandige
Spazierweg in der stolzen Fürsten Park!
Wenn dort der Höfling in gezwungner Tracht
Was er lustwandeln nennt, mühsam vollbringt;
Jedwedes Lüftchen scheut, das seinem Haar
Des Mehlstaubs und des theuren Ambradufts
Zuviel entführt, und vor dem Tropfen bebt,
Der aus der leichten Frühlingswolke schon
Auf seinen Galarock zu träufeln droht:

So

So wandelt neben ihm der Ueberdruß,
Und Langeweile; hinter ihm Verdacht
Und vor ihm Falschheit her; und die Natur
Ist ungeschmack, ist leer an Lust für ihn.

Nicht so für mich! die Flur, der Wald, die Au,
Des Berges Haupt, des Thales Blumenrain,
Der Krystallinensee, der Silberbach,
Reizt alles mich gleich stark. Die Freyheit führt
Zufriedenheit, und Ruhe des Gemüths,
Mir lächelnd zu, und Langeweile hat
Sich nie hieher gewagt. O möchte sichs,
Von eitlem Stolze fern, mein Leben hier
Verfliessen! Möchte doch hier jeder Lenz
Mich seine Veilchen pflücken sehn; der Herbst
Sein röthend Obst mit unsparsamer Hand
Mir schütten in den Schoos! O möchte Ruh,
Und wahre Freyheit, und Genügsamkeit
Mein Loos zuletzt in diesen Gründen seyn!

Die

Die Schnitter.
Ein Fragment.

Hier unterm Laubdach, welches über mir
Der Eiche knorrichter, gastfreyer Arm
Vorm heissen Strahl der Sonne wölbt, sitz' ich,
In Phantaseyen süßer Schwermuth ganz
Versunken. Sieh! wie wimmelt lebender
Vor meinem Blick die Flur! wie blitzt ins Feld
Die blanke Sense! wie sie nach dem Takt
Des raschen Schnitters rauscht, und vor sich hin
Die reichen Erndten streckt, womit der Herbst
Das unabsehliche Gefilde krönt!
Ein Schwarm von leichten Zephyrn wälzet sich
Sanft fächelnd übers Feld, und kühlt die Stirn
Der Sensenschwinger, da indeß ein Chor
Von muntern Dirnen mit Gesang die Zeit
Geschwinder eilen macht, und Freud' ins Herz,
Und Munterkeit ins Männerauge lockt.

O! ihr Beglückten! endlich thut die Hand
Der kärglichen Natur sich wieder auf.
Von Weizen schwanger beuget sich der Halm;
Das muntre Roß wirft muthig in den Wind
Die stolze Mähn', und wiehert Ueberfluß;

Die

Die Heerden brüllen voller Stärk' im Thal,
Am futterreichen Hügel in der Au,
Und Segen lacht, wohin das Auge blickt.

Doch, gutes Volk, das mit geduld'gem Arm
Die Sichel führt, den schweren Rechen zieht,
Für wen, für wen vergiessest du den Schweiß,
Der Perlen gleich auf deiner Stirne glänzt?
Wenn mit dem Abendroth du heim nun kehrst,
Was wartet deiner auf dem schmalen Tisch?
Darfst du das Fette deiner Milch, das Fleisch
Von deinem Wollenvieh nach saurem Fleiß
Mit freyem Muth geniessen? Lachet dir
Ein feistes Huhn, vom eignen Hof genährt,
Am Feyertag' entgegen? (Heinrichs Wunsch,
Den Gallien deshalb zum Gott erhebt!)
Labt deinen durst'gen Gaum der Ceres Saft
Mit vollen Zügen? oder schlingt die Stadt
Dein Korn, dein Vieh, dein Obst, dein Alles ein?
Um vor der Vögte fürchterlichem Droha
Dich und dein Haus zu sichern, mit dem Gold,
Das kaum die Hälfte deiner Lasten tilgt?
Ha! wie, das Haupt gebeuget, er da sitzt,
Der Vater und der Gatte! lebensmüd',
Bey schwarzem Kummerbrodt, und kaum den Quell
Des Dorfs dazu zu schöpfen hat! ——— ——

Beym

Beym
Schluſſe des 1770ſten Jahres.

So ſinkeſt du denn auch mit eilendem Gefieder,
Entfliehend Jahr, vor unſerm Blick hernieder
Zum Ocean der Zeit!
O nimm mit dir im ſchnellen Niederfalle
Die ſchwarzen trüben Stunden alle,
Die Stunden ſchweren Wehs, und ſtiller Traurigkeit,
Zum Meere der Vergeſſenheit!
Jedwedes Laſter, das die Welt verheeret,
Jedwede Peſt für den entnervten Staat,
Jedwede niedre kleine That,
Die die Natur und Menſchlichkeit entehret,
Den ſchwarzen Bruderhaß, und den Verfolgungsgeiſt,
Der immer noch der Völker Band zerreißt,
Das blinde Vorurtheil, den finſtern Aberglauben,
Die mit vereinter Macht uns Licht und Wahrheit rauben,
Die alle nimm mit dir hinab,
In der vergangnen Zeiten Grab!

Doch

Doch ach! vergebner Wunsch! es wird dir nicht gelingen!
Sie schweben noch, auf ihren schwarzen Schwingen,
Um uns herum; das künftge Jahr
Nimmt sie von fern schon mit Entsetzen wahr,
Und muß gezwungen sie dem Erdkreis wiederbringen!

So bringe denn, du bald erscheinend Jahr,
Uns auch den Trost für diese Leiden!
Sey wenigstens umringt von sanften Freuden,
Die uns die weise Schöpfung beut;
Von Freuden, die uns stets Rechtschaffenheit
In reichem Ueberfluß gewähret,
Und die in seiner Einsamkeit
Der Weise, welcher nie nach Schein-Vergnügen mißt,
Sich selbst verschafft, und ihrer auch genießt. –

Beym
Anfange des Jahres 1772.

So, wie nach langer schreckenvoller Nacht,
In der der Sturm auf wildem Meere heulte,
Und Blitz und Donner den Olymp zertheilte,
Im Osten nach und nach der Morgenröthe Pracht
Den Schiffer wieder muthig macht;
Er greift sogleich, aufs neu ein Mann,
Das hingegebne Steuer an:
So schwebet mit des Jahres ersten Stunden,
Voll Trost im Blick, das Haar umwunden
Mit Immergrün, den Arm vom güldnen Füllhorn schwer,
Die süße Hoffnung zu uns her.
O täusch uns nicht, o du, uns zugesandte
Vom Himmel! schütt' es reichlich aus
Dein Füllhorn auf des Dürft'gen Haus,
Der sehnsuchtsvoll nach dir die Arme wandte,
Und, Trösterinn, dich zu erblicken, brannte.

Und

Und du, o Vorsehung, die sie vom Himmel sandte,
Die holde kummerlindernde,
Blick huldreich nieder von der Gnade Höh!
Mach minder schwer der bittern Armuth Schmerz,
Gieb dem Kornwucherer ein Menschenherz!
Zeig'uns im Keim der jungen Saaten
Ein Segensjahr! zerbrich der Vorurtheile Joch!
Laß Weisheit, Frömmigkeit der Erde Großen rathen,
Und schenke, schenke ferner noch
Den güldnen Frieden Deutschlands Staaten!

An
den Herrn Kammerherrn von Kuntzsch
bey seiner Vermählung
mit
dem Fräulein von Düring.

Den 28. May, 1773.

Willkommen, Freund! willkommen in dem Orden
Der Männerschaft! Auch Du bist nun geworden
Gleich uns, und trägst an sanftgebundner Hand
Die Fesseln, die auch Dir der schlaue Hymen wand.
Zwar Blumenfesseln nur.   Doch Ketten bleiben Ketten,
Und wenn die Grazien sie selbst geschmiedet hätten
Aus weicherm Stoff als Seide; feiner noch
Als Sonnenstral; sie binden Herzen doch!

Und sieh! schon wirft Herr Amor seinen Bogen,
Nachdem der mächtge Pfeil Dir in die Brust geflogen,
Auf seinen Rücken, flieht davon, und läßt
Dem Bruder Hymen Dich, der ewig-fest
Die Bande knüpft, die Dir das Herz umschlungen;
Der spröde Ritter ist bezwungen!

Was

Was säumet ihr, dem Amor nachzufliehn,
Ihr freyen gauklerischen Freuden,
Um welche Männer noch oft Jünglinge beneiden;
Schalkhafter Unbestand! und du, o Schaar
Der leichten Schwäre! du, nach der Gefahr
Besiegt zu werden, oder zu besiegen,
Stets wachsendes, stets lüsternes Vergnügen!
Ihr, güldne Hoffnungen! Du, zahlreich Heer
Von schöpferischen Träumen? — Ach! nicht mehr,
Nicht mehr verweilet hier! streckt aus die Purpurflügel,
Und eilt davon nach Paphos Myrthenhügel!
Dagegen tritt in feyerlicher Tracht
Herzu, du, gute Treu! Herr Wohlbedacht,
Frau Ueberlegung, und was sonst für Namen
Die weisen Herren, und die klugen Damen,
Zu führen pflegen, die, wenns wohl gelingt,
Der Gott der Eh gewöhnlich mit sich bringt.

Wie wird Dir, Freund? Ich seh die Stirn Dich reiben.
O wie vergeblich ist Dein letztes Sträuben!
Du unterliegst der Liebe ganzen Macht,
Der Knoten ist geschürzt, die holde **Düring** lacht.

So mag sie denn, die liebe Freyheit, fliehen,
Wohin sie will! Das Ding auch recht bedacht,
So möchte wohl das eifrigste Bemühen
Dich immer frey zu sehn, vergeblich seyn.
Laß dich die Sklaverey des Ehstands nicht gereun,

Ein

Sie ist die glücklichste.   Nach unverjährtem Rechte
Stehn wir vom männlichen Geschlechte
Bald unterm Schutz des Kammerdieners; bald,
So wie es fällt, auch unter der Gewalt
Des weiblichen Pantoffels.   Jung, und alt,
Frau, Nebenfrau, Gebieterinn, Maitresse,
Beherrschen uns.   Wer klug ist, der vergesse
In sich das Oberhaupt, den Herrn,
Und diene bloß der Frau, und diene gern.
So nahmen einst die leichten Liebesgötter
Dem tapfern Mars den blanken Helm vom Haupt,
Mit Myrthen ward es ihm umlaubt;
Indeß ein anderer der losen Spötter
Den Säbel ihm von starker Hüfte band;
Ein andrer mit geschickter Hand
Sein kurzes borstig Haar frisirte;
Ein andrer noch ihn parfumirte.
Der Held saß lächelnd zu, und sank auf weichem Moos
Der holden Venus in den Schoos.
   So sink' auch Du, entzückt von Reiz und Jugend,
In Deiner Düring Arm; hier wird es Tugend
Besiegt zu seyn.   Dreymal beglückter Mann!
Mit diesem wonnereichen Tage
Hebt sich ein neues beßres Leben an,
Der kalte Hagestolze sage
Was er von mattem Spott nur immer sagen kann.
Laß jenen Schwarm der ungebundnen Freuden
In Zukunft immerhin Dein glücklich Haus vermeiden;

Dir

Dir bleiben noch, gelockt von Deinem Werth,
Die edlern beſſern Freuden, alle,
Die Deinen Geiſt bisher genährt.
Die Tonkunſt kömmt zu Deiner heitern Halle;
Vernimmt entzückt, wie Du die Saiten rührſt,
Und unter zaubervollem Schalle,
Ein zweyter Schwanberg, uns das Herz entführſt.
Die Muſen lieben Dich. Den ſichern Kenner ſchätzet
In Dir die Poeſie; denn Deinen Geiſt ergötzet
Nicht Bombaſt, Donnerton, noch Bardenfeldgeſchrey;
Ein männlich Lied vielmehr, das, der Natur getreu,
Von Menſchen ſingt, für Menſchen. Heitre Stunden
Mit der Geſundheit friſchem Kranz umwunden,
Umtanzen Dich. Dein gutes edles Herz,
Eröffnet ſich der Freundſchaft ſüßem Hange.
Frey von des Stolzes ſteifem Zwange
Liebſt Du auch Lachen, und den freyen Scherz.
Wenn ſich der leere Kopf durch Langeweile quälet,
Und voll Verdruß die langen Stunden zählet.

So fließt Dein Leben hin. Was Dir an Glück gefehlet
Schenkt Dir der heutge Tag. Das angenehmſte Kind,
Wie Du von Munterkeit und Edelmuth beſeelet,
Gefällig, freundſchaftsvoll, Dir gleich geſinnt,
Reicht Dir die Hand. Ihr Genii des Lenzen,
O ſchüttet auf dies Paar die reichſten Influenzen
Von eurem Roſenſitz herab!
Was je der May an Glück und Freuden gab,

B 4   Das

Das geb er diesem edlen Paar,
Und kränz' im Zirkellauf von jedem Jahr
Mit Rosen und Jesmin ihr Haar.

Wir an der Oker blumenreichem Strande
Weihn diesen Tag zum Festtag. Unser Blick
Sieht Dich, o Freund, im festlichen Gewande,
Und unsre Seele wünscht Dir Glück.
Bekränzt den Becher! in ihn stürze
Champagnens Traubensaft! des Weines Würze,
Gesang und Scherz, begeistere die Zahl,
Die in dem kerzenvollen Saal
Dir ihre treuen Wünsche weihen,
Und Deinem Feste Blumen streuen.

Und nun, da Hesperus schon längst am Himmel blinkt,
Nun hebet an, tonvolle Nachtigallen,
Den Brautgesang! Mit süßem Wohlgefallen
Hört euch am Elbestrom der Hayn.
Beglücktes Paar! seht, wie euch Hymen winkt!
Folgt seinem Wink, küßt Euch, und schlummert ein!

An
Herrn Krause
bey seiner Verbindung mit der Demoiselle
Luise Stähler.

Geliebt muß seyn! daß ja kein bitter Spott
Beleidige den guten Liebesgott!
Er weiß der Spottenden Verbrechen
Auf das empfindlichste zu rächen.
Ein Knabe nur, jedoch der spöttisch lacht,
So oft als er Eroberungen macht.
Und wo macht er sie nicht? Nicht jenes Greises Krücke,
Nicht jener Folianten-Wall,
Nicht jener alte Acten-Schwall,
Nicht die gethürmte Staatsperücke,
Nicht Rang und Stand beschützt vor seiner Tücke.
Wenn dieser Machtspruch euch nicht überführen kann,
So hört ein neues Beyspiel an:
Ein Jüngling, aus dem deutschen Vaterlande,
Gieng um Bourdeaux am wonnereichen Strande
In stolzer Sicherheit umher.
Lustwälder, von der Zahl Liebäugelnder beenget,
Und Parks, von Schönen vollgedränget,
Und stolze Gärten, waren für ihn leer.

Ihn.

Ihn reizten nicht die schminkreichen Wangen,
Hochblühend von Carmin; nicht der Melonen-Zopf,
Aus Flachs und Werg geformt; nicht der frisirte Kopf,
Mit Bisammehl bestreut; nicht Kleider, bunt behangen
Mit Zephyrs, Falbela, und Quasten mancherley;
Ihm war es Tand, sein deutsches Herz blieb frey.
Frey vor dem schlauen Blick der flatternden Coquetten,
Die mit dem Abendstern zur Promenade ziehn;
Frey von den diamantnen Ketten
Der siegenden Schauspielerinn,
Der Tänzerinn, der Sängerinn;
Vor allen diesen Zauberschönen,
Die mit den Augen, Füßen, Tönen,
Um unsre Herzen sich bemühn.
Wie jauchzte da der Held, daß unter so viel Scenen
Kein Pfeil der Gallischen Sirenen
Sein Herz getroffen; daß er frey und loos
Zurückgieng in des Vaterlandes Schoos!
Nun dünkt er sich ein stolzer Ueberwinder,
Nun sah er, Braunschweig, deine schönsten Kinder
Kaltsinnig an; jedoch die Stunde kam,
In der sein süßer Traum ein schnelles Ende nahm.
Ein Heer von Mädchen, eben aufgeblühet
Wie junge Rosen, um die Zephyr spielt,
Sieht er auf einmal vor sich, siehet,
Wird ernsthaft, staunt, und fühlt.
In dieser muntern jugendlichen Menge
War eine, die mit edler Länge

Verrage; weiß von Haut; ein Meisterstück
Der bildenden Natur, in Min' und Blick
Voll Reiz, voll Grazie. Wie standest du betroffen,
Du armer Jüngling, als sie, frey und offen,
Dich ansah! Schnell und auf einmal
Entzündete Dich ihres Auges Stral.
Nun gieng der Seufzende umher auf allen Fluren,
Trat, wo sie gieng, in ihrer Schritte Spuren,
Sah nichts als Sie; floh seiner Freunde Scherz,
Und Furcht und Hoffnung marterten sein Herz.
Zu seinem Glück ward auf dem Taubenwagen
Frau Venus durch die Luft getragen,
Sie hörte seine treuen Klagen,
Erfüllte seinen Wunsch, vergab den ersten Spott,
Und sendete herab den kleinen Liebesgott.
Der setzte sich auf einen gülbnen Spiegel,
Vor dem die Schöne sich besaß,
Stieß ihr den Pfeil ins Herz, und eh sie sichs versah,
War Gegenliebe schon für den Verehrer da.
Der Bogenschütze schwang frohlockend seine Flügel;
Der Wald, die Au, der nahgelegne Hügel,
Sah öfters nun vergnügt, und Hand in Hand,
Ein glücklich Paar, von keuscher Glut entbrannt.

An
Herrn Professor Ebert,

als des Herzogs Durchl. ihm ein Canonikat geschenkt.

———————

Dem lieben Ebert meinen Gruß;
Viel Glücks zum Herrn Canonikus!
Auch Du kannst nun zum Altar treten,
Mit Gärtner, Gleim, Jacobi, beten;
Indeß ich, ein Unheiliger,
Vom Glück nicht so begünstigter,
Trübselig an der Kirchthür steh
Und euch im Chor stolzieren seh.

Das Schicksal wills; es mag drum seyn.
Du weißt, ich kann mich herzlich freun,
Wenn auch nur andre glücklich werden,
Und Neid, der Hölle Gift auf Erden,
Mischt sich bey mir gewiß nicht ein.
Zwar warten mancherley Beschwerden
Des Versemachers, dem Apoll,
Wer weiß, vielleicht in seinem Groll
Zum Pindus rief, und nicht dran dachte,
Wer einst auch mich zum Domherrn machte.

Doch,

Doch, Freund, der Ruhm, der ew'ge Ruhm,
Bleibt stets ein kleines Eigenthum
Für jeden, der, wie ich, gern reimt
Und von Unsterblichkeiten träumt.
Bin ich nicht in Paris gekannt?
Hat Capitaine, hat Anseaume,
Hat Huber mich nicht übersetzt?
Hat Eisen nicht für mich gedätzt?
Hat man in manchem witz'gen Tome,
In manchen zierlichen Präfacen,
Wenn fast die Deutschen mich vergaßen,
Nicht meinen kleinen Werth geschätzt?
Hat selbst der kritsche Hildebrand,
Hat Freron selbst mich nicht genannt,
Gepriesen, und beyher geschmäht,
So wie den Meister Arouet?

Freund Ebert lacht und überzählt,
Von seinem neuen Glück beseelt,
So manche Rente, manche Spende
Der ihm verliehenen Präbende.
Ihn kümmerts nicht, was wir beginnen,
Die wir am Pindus wartend stehn,
Ob unsre Hoffnungen zerrinnen,
Ob wir sie einst erfüllet sehn.
Wenn Lessing unter Todten lebt
Und nach gelehrten Schätzen gräbt:

Wenn ich in dichterischer Hitze
Bey Mexikos Erobrung schwitze;
Wenn Welße Geld für andre zählt;
Wenn von Horazens Glut beseelt
Freund Ramler nie sich übereilet,
Und Jahre lang an Strophen feilet;
Wenn an der Eprea mit Verdruß
Bey jedem Sarg, bey jedem Kuß.
Fürs Geld Frau Sappho singen muß:
So sitzt der Herr in stolzer Ruh
Sieht dem Poeten-Völklein zu,
Läßt sich den reichen Decem bringen,
Und denket weiter an kein Singen.
Es ruht der Sänger von der Nacht,
Und Shakspears wird nicht mehr gedacht.

Freund, Du hast Recht. Germanien
Zählt Dich zu den Gekrönten,
Die mit zuerst in ihren Gränzen
Witz und Geschmack verbreiteten.
Dein Name wird niemals verglänzen.
Und Young und Glover bürgen Dir
Für Lorbeern, Deiner Schläfe Zier.

Genieße drum in guten Frieden,
Was Dir dein glücklich Loos beschieden,
Vergeßt der irdschen Gottheit nie,
Die diesen Ruhstand Euch verlieh.

Das heißt: ihr Herren, betet fein
Für unsern **Carl!** und schließt mit ein
Die **Mutter** seiner Heldensöhne,
Und jede kronenwürdge Schöne,
Aus deren Aug' der Guelphen Geist
Mit Charitinnen Anmuth blickt,
Und jeden Sieger, den entzückt
Germanien noch Retter heißt
Und aller Länder Zunge preist.

Ein kleines Danklied stimmt auch an
Für Luthern, diesen Ehrenmann,
Durch den der Herr Canonikus
In allen Ehren einen Kuß
Auch seinem Mädchen geben kann.

Gilt schließlich eines Freundes Rath,
So legt sich der Herr Präbendat
In seiner neuen Muß' und Ruh
Ein Kinn von drey Etagen zu.
Dies zieret einen Domherrn baß.
Und dann so fehlet Dir noch was.
Was, fragst Du wundernd, wäre das?
Du fragst noch, Freund? Was sonst als Sie,
Die künftge Frau Canonici?

An
den Herrn Kapellmeister Schwanberger.

So hört mit bebendem Ohr Apollo der Musen Gesänge,
　　Wenn das von ihm erfundne Lied
Von hoher Begeisterung voll auf Helikons grünendem Gipfel
　　Aus ihren wetteifernden Chören erschallt.

So hört dein prüfendes Ohr, Erfinder starker Accente,
　　Von sanfter bescheidener Freude gereizt,
So hört dein prüfendes Ohr die Harmonie des Orchesters,
　　Wie sich die Affekten der Saiten erhöhn.

Wie stark Demetrius seufzt, wie stolz Berenice verzweifelt,
　　Das hörst Du, und wägst deiner Töne Gewalt;
Das Amphitheater jauchzt Dir mit lautem Beyfall entgegen,
　　Und preiset Dich glücklich, weil Du es gerührt.

Dich müsse Welschland von fern mit neidenden Augen betrachten,
　　Und fühlen, wie hoch Du dein Vaterland hebst!
Sey Braunschweigs würdiger Ruhm, des Fremden empfundnes
　　　　　　　　　　Entzücken
　　Mach' Deinen Namen der ~~Ferne~~ bekannt!

Bey

Bey Anwesenheit
des Königs von Dännemark
in Braunschweig;
im December, 1768.

Zwey weltberühmte Nationen

Sah Christian, der Fürst, so würdig seiner Kronen,

Dich, Albion, des Meeres Herrscherinn,

Und Gallien, so weit umher gepriesen,

Durch Witz, durch Tapferkeit, durch immer frohen Sinn,

Durch seine Weisen groß, und groß durch seine Krieger.

Vor seinem Blick erschienen hier

Die Broglio's, Richelieu's, Contaden und Soubisen,

Was, Braunschweig, sah er mehr in dir?

Hier sah er ihre Sieger!

An
Herrn Catault,
Professor bey der Kriegsschule in Paris.

Bey dessen Durchreise durch Braunschweig, im Februar 1773,
in ein Exemplar der poetischen Schriften des Verfassers
geschrieben.

Ein Gallier, der reist? wie selten!

Und seltner noch, der reist auf Deutschen Witz!

Dir guten Willen zu vergelten,

Nimm dieß mit nach Paris, der Künste frohem Sitz.

Und sollten Tadler Dich, daß Du es mitbringst, schelten;

So sprich: der Mann gab mir, bey Freundschaftswein und Scherz,

Mit seinen Reimen, auch sein Herz.

An
die Demoiselle Ackermann,
als Julie im Romeo.

Schon herrschte dunkler, schwerer Gram
In jeder Brust, als dein Romeo kam,
Und, da du hinsankst, noch von deinen Wangen
Den Abschiedskuß mit stummen Seufzern nahm.
Schon sahen wir, wie du, die fürchterlichen Schlangen
Der grausen Todtengruft, das Sterbekleid,
Das Leichentuch, den schwarzen Sarg, bereit,
Scheinbar Entseelete! Dich zu empfangen.
Doch, als Du itzt Dich aus dem Sarg' erhebst,
Im süßen Wahn, daß Du nur für Romeo lebst,
Und schnell ihn sterben siehst; als Du mit starrem Blicke,
Mit aufgelös'tem, wild zerstreutem Haar,
Bald nach dem Himmel schaust, und bald zurücke
Vom Leichnam des Romeo bebst;
Als hier nun ganz Natur und keine Kunst mehr war,
Und endlich Du die lange Quaal verkürzest,
Und in das Schwert Romeo's stürzest;
Da hielt nicht länger mehr sich unser banger Schmerz
Da drang das Schwert durch unser aller Herz.

Auf

Auf
ein Band an einen Blumenstrauß
für
Luise.

Mit tausend Seufzern pflückt' ich euch,
Mit tausend Wünschen band ich euch,
Ihr schönsten in der Flora Reich!
Mein Herz sey euch, ihr Blümchen, gleich.
Der Wunsch für meine Schäferinn
Steigt sanft bis an die Wolken hin;
Er soll so stark, doch auch so rein,
Wie, Blümchen, euer Aushauch seyn.

Ein

Ein Kind der Flora

bey Ueberreichung einiger Blumen an das Braut-
paar und die Gäste bey der Hochzeit
des Verfassers.

Zu Euch hat Flora mich gesandt;
Ich reich' Euch dieß von ihrer Hand.
Zwar deckt des Winters rauh Gewand
Weit um uns her das todte Land:
Doch unter so viel hellen Kerzen,
Bey so viel Freuden, so viel Scherzen,
Gießt Wonne sich in aller Herzen.
Der Winterblume schwächster Duft
Durchbalsamt kräftiger die Luft,
Und athmet bey der Liebe Schmaus
Den mächt'gen Frühling früher aus.
Ihr alle, welche dieß Gemach
Noch unvermählt an diesem Tage fasset,
Folgt diesem heut'gen Beyspiel nach!
Verlasset, (Flora wills!) verlasset
Beym ersten Lenz den led'gen Stand.
Schon liegt das schönste Blumenband
Für Euch bereit, Euch zu umwinden;
Sagt: wenn, und wo, soll ich damit Euch binden?

C 3

Zwey

Zwey
schöne neue Mährlein.

Der lieben Jugend und dem ehrsamen Frauenzimmer
zu beliebiger Kurzweil in Reime verfasset.

Vorbericht.

Aus
einem Schreiben an einen Freund.

Ich muß Ihnen noch mit zwey Worten sagen, wie die
poetische Kleinigkeit entstanden ist, die ich Ihnen hiebey über-
sende. Ich speiste in voriger leipziger Michaelmesse mit
der liebenswürdigen Madam R**** bey Herrn Wölpling,
als einer von der niedrigern Klasse der litterarischen Hand-
langer, der seinen ganzen Buchladen in einem Korbe herum-
trägt, uns verschiednes von seiner gelehrten Waare anbot.
Der Madam R**** fielen die Mährchen von der schönen
Melusine, von einer untreuen Braut, von der schönen Ma-
gellone ꝛc. in die Hände. Sie blätterte darinn, kaufte sie

dem

dem Herumträger ab, und gab sie mir, indem sie mit ihrer gewöhnlichen holdseliggebieterischen Mine sagte: dieß möchte ich wohl einmal anders gemacht haben. Wie denn anders? Madam! gab ich zur Antwort. Ach! sagte sie, fragen Sie mich nicht lange! das wissen Sie ja wohl! Wie Sie wollen! Aber anders; und daß ich es die Ostermesse hier gedruckt erhalte.

Ich mußte lachen, nahm aber doch das Büchlein mit nach Hause, und machte daraus anders: Die schöne Melusine, und die untreue Braut. Ob auch besser, das werden mir ja die Herren Kunstrichter wohl sagen.

I.

Historia
von der edlen und schönen Melusine.

Wie der Ritter Reimond die schöne Melusine
beym Nixenbrunnen antraf, und sie mit freundlichen
Worten sich ihm züchtig und tugendlich
zum Gemahl anbot.

Es war einmal ein Rittersmann,
Jung, schön, geliebt von jedermann,
Ein wahres Wunder seiner Zeit,
Voll Edelmuth und Tapferkeit.
Sein Name, Reimond, war bekannt
Im Gallier- und deutschen Land,
Und funfzig Meilen um ihn her
Gabs Drachen nicht und Riesen mehr.
Seit kurzem waren seine Tage
Nur Eine finstre lange Klage
Um seinen Vetter Gunderand,
Dem er mit unvorsicht'ger Hand
Den fehlgeschwungnen blanken Spieß
Auf einer Jagd ins Herze stieß.
Ganz von Melancholey verwirrt,
Ritt er einsmals, im Wald verirrt,

Durch

Durch Haid und Busch; in finstern Hainen
Sein schweres Leiden zu verweinen.
Nachläßig hieng auf seinem Roß
Der seidne Zaum; die Thräne floß
Die Wange nieder: als sein Pferd
Auf einmal scheu zusammen fährt,
Und ihn ermuntert.   Plötzlich fand
Er sich an eines Brunnen Rand
Der seinen Kryſtallinenquell
Aus einem Felſen, ſilberhell,
Ins Thal ergoß, und nur im Land
Der Nixenbrunnen ward genannt.
Drey junge Mädchen, wunderſchön,
Sah er zugleich am Brunnen ſtehn,
Wovon die eine, von Geſtalt
Wie eine Göttinn, alſobald
Voraus vor die Geſpielen trat
Und lächelnd ſich dem Ritter naht.
So traurig, Reimond? (ſagte ſie,
Und nahm den Zaum des Roſſes;) Wie?
(Fuhr ſie drauf huldreich fort;) ein Mann,
Ein tapfrer junger Rittersmann
Vergißt die erſten Höflichkeiten,
Und will vor uns vorüber reiten,
Ohn' uns zu grüßen? Findſt du nichts
In unſern Zügen des Geſichts,
Das deine Blicke reizen könnte?

C 5   Sprich!

Sprich! wenn mein Herz schon für dich brennte —
Wenn ich mich dir zum Eigenthum —
Doch, Reimond, wie? Du bleibest stumm?'
　　So floß aus ihrer süßen Kehle
Die holde Rede. Reimonds Seele
Kam plötzlich wieder. Auf einmal
Schoß ihres mächt'gen Auges Stral
Ihm tief ins Herz. Schnell wie ein Pfeil
Springt er vom Roß: ergreift in Eil
Mit einem Kuß die Hand der Schöne,
Und brach in diese Silbertöne:
O du, wer du auch immer bißt,
Die hier der Wald als Göttinn grüßt,
Sprich, Himmlische, wie ist mein Stand,
Wie Reimonds Name dir bekannt?
Und durch welch günstiges Geschick
Wirfst du den zaubervollen Blick
Auf mich Betrübten, dessen Quaal
Nie abnimmt, und der nicht einmal,
So sehr du, aller Schönen Preiß,
Ihn rührest, dich zu nennen weiß.
Mein Name, Reimond, (sagte sie)
Ist Melusine. Freylich nie
Hat ihn dein Ohr vorher vernommen.
Doch sey mir tausendmal willkommen!
Und wiß, o Jüngling, meine Macht
Ist größer, als du je gedacht.

　　　　　　　　　　　　　　Ich

Ich liebe dich mit allen Trieben!
Und könntest du mich wieder lieben:
Wie mächtig solltest du auf Erden
Durch deine Melusine werden!
Denn Land und Leute, Gut und Geld,
Sind dem bestimmt, der mich erhält.
Was meynst du, Reimond? Sag, bin ich
Dir hübsch genug? Erkläre dich!

Der Ritter fiel ihr drauf zu Füßen,
Und gab mit feuervollen Küssen
Auf ihre schöne Marmorhand
Die Antwort, welche sie verstand.
Sie hob ihn huldreich auf, und sprach:
Ich seh, du liebst mich nach und nach.
Doch eh der Liebe süßes Band
Uns fest umschlingt: so sey mein Stand
Dir unverhohlen. Schau in mir
Ein Königskind! Ich bringe dir
Der Schätze gnug; und häßlich nicht
Ist, wie du siehest, mein Gesicht.
Doch, Reimond, eins mußt du versprechen,
Eins auf dein Wort, und nie dieß brechen:
Sobald uns Hymens Band vereint,
Läßst du mich jeden Samstag, Freund,
In meiner Einsamkeit, allein,
Verschlossen, ganz mein eigen seyn!

Merk dir, mein Reimond, dieß und frage
An diesem feyerlichen Tage
Nach deiner Melusine nie.
Doch sey versichert auch, daß sie
Nichts thun wird, welches deiner Ehre
Und ihrer Tugend schimpflich wäre.
Bedenk dich, Reimond! Kannst du dieß
Nicht nur versprechen, auch gewiß
Erfüllen? Auf mein Ehrenwort!
(Rief Reimond aus.) Wohl! (fuhr sie fort.)
So komm in dreyen Tagen wieder,
Zu diesem Quell; bring deine Brüder,
Bring ihre Frauen mit hieher,
Und wen von Herzensfreunden mehr
Du würdig hältst, dich zu begleiten,
Und uns zum Traualtar zu leiten.

Die Nymphe sprach es, und verschwand
Mit den Gespielen. Leblos stand
Der Ritter vor Verwundrung da,
Und wußte kaum, wie ihm geschah.
Zuletzt schwang er sich auf sein Roß,
Und trabte heim nach seinem Schloß.

Wie

Wie Reimond des Abentheuers nachgedacht;
des andern Tages sich auf sein Roß setzte, und seinen
Bruder Gerbald nebst seinem Gemahl
zur Hochzeit einlud.

Kaum war beym letzten Sonnenblick
Herr Reimond in der Burg zurück:
So schloß er, mutterseelallein,
In seinem Kabinet sich ein,
Mit allen seltsamen Gedanken
Im Stillen sich herumzuzanken.
Beym Geyer! (fieng er endlich an,)
Wars meiner Einbildungen Wahn
Was ich am Nixenbrunnen sah?
Doch was? sie stand leibhaft ja da
Die angenehmste Zauberinn,
Von der ich angefesselt bin!
War nicht um sie herum der Hain
Viel grüner, frischer? und der Schein
Der Sonne viel entzückender?
Der See viel klärer, silberner?
Stieg nicht aus aller Blumen Schooß,
Von allen Kräutern, klein und groß,
Von Strauch und Bäumen, fern und nah,
Ein Aushauch von Ambrosia
Zu meiner Nase? Lachte nicht
Das allerreizendste Gesicht
Mich zärtlich an, und, o Entzücken!
Versprach sie nicht, mich zu beglücken,

Und

Und in drey Tagen mein zu seyn?
Ja! Melusine! völlig dein
Ist Reimond! Wer du seyst, das sey!
Prinzeßinn, Mädchen, oder Fey,
Mir ist dieß eins! So wunderschön
Hab ich doch keine noch gesehn,
Und keine soll auch sonst auf Erden,
Als Melusine, Reimonds werden.

Eo sprach der Ritter: und begab
Des Morgens drauf in vollem Traß
Nach seinem Bruder Seebald sich,
Der stattlich und gar ritterlich
Auf einem Felsenschloß regierte,
Und da ein fürstlich Leben führte.
Er grüßt' ihn kurz, und lud ihn ein,
Des Morgens drauf sein Gast zu seyn,
Und ihn zum Traualtar zu führen.
Auch um dieß Fest noch mehr zu zieren,
Die Frau Gemahlinn mitzubringen,
Um da mit Schmausen, Tanzen, Springen
Und andrer edlen Kurzweil mehr
Zu letzen Augen und Gehör.

Madam saß eben beym Caffee
Gedankenvoll auf ihr Filet;
Und hob, indem der Ritter sprach,
Ein hönisch Auge nach und nach.

Zu

Zu ihm empor. Mit schnöden Minen
Sprach sie: mein Herr, wir danken Ihnen
Der schönen Invitirung wegen,
Und wollen beyd' es überlegen.
Allein, (frug sie etwas sehr laut,)
Wie nennt sich denn die werthste Braut?
Sie ist von Stande doch? hat Geld?
Wo wird die Hochzeit angestellt?
Ist sie denn jung und hübsch? Madam,
(Erwiedert ihr der Bräutigam)
Sie sollen alles morgen wissen,
Wenn wir am Traualtar uns küssen.
Die Hochzeit selbst wird, wenns gefällt,
Beym Nixenbrunnen angestellt.
Beym Nixenbrunnen? Lieber Mann!
Ich bitte dich, hör einmal an,
Beym Nixenbrunn? Ja! Ihro Gnaden
(Sprach Reimond) nochmals eingeladen
Zu meiner Hochzeit! Morgen früh
Beym Nixenbrunn erwart' ich Sie!

Der Ritter küßte drauf galant
Der gnäd'gen Frau die dürre Hand;
Nahm Abschied, neigete sich tief,
Stieg auf sein Roß, ritt heim, und schlief.

Wie

Wie hierauf die Hochzeit beym Nixenbrunnen gar stattlich und ehrlich vollzogen worden.

Itzt brach aus grauer Wolken Flor
Aurorens erster Stral hervor,
Als Reimond auf vom Lager springt,
Und, von der Diener Schaar umringt,
Sich putzt und schmückt; bis er so schön,
Als man den Kriegsgott sonst gesehn,
Wenn er zur Dame Venus kam,
Den Weg zum Nixenbrunnen nahm.
Sobald als er daselbst erschien,
Umgaben mit Frohlocken ihn
Hofdamen, und Offizianten,
Die ihren gnädgen Herrn ihn nannten,
Und führten ihn zu Zelten hin,
Wo er, gleich einer Königinn,
Die schöne Melusin' erblickte,
Die zärtlich an die Brust ihn drückte,
Ihn tausendmal willkommen hieß,
Und allen Staat ihn schauen ließ,
Den sie zu dieses Tages Pracht
Witz= und geschmackesvoll gemacht.
Das Brautzelt war aus güldnem Stück;
Es blendeten der Neugier Blick
Die herrlichsten Tapezereyen;
Es schwärmten reiche Livereyen

An allen Orten. Sanfte Flöten
Und Chöre jauchzender Trompeten
Erschallten wechselsweiß; der Wald
Schien aller Freuden Aufenthalt.

Des Ritters Bruder kam nunmehr
Mit einem stolzgeputzten Heer;
Die Dame Seebald ebenfalls
Mit dicken Perlen um den Hals,
Und Diamanten in dem Haar,
Umringt von ihrer Damen Schaar
Auf Füchsen, Schimmeln, Rappen, Schecken,
Geschmückt mit prächtgen Satteldecken,
Trottirten munter übers Feld,
Und stiegen ab beym Brautgezelt.
Die Trauung ward hierauf vollzogen,
Und zwanzig Tafeln, ungelogen,
Mit Leckerbissen aller Arten,
Mit Wein, Confect, und Mandeltarten,
Im größten Ueberfluß gespickt,
Vor die Geladnen hingerückt.
Da ward geschmauset und gelacht,
Getrunken in die Mitternacht;
Die weidlichen Pokale klangen,
Und die Champagnerpfröpfe sprangen,
Bis Braut und Bräutgam weg sich stahl,
Und Morgendämmrung Ruh' empfahl.

Zachariä Schriften.   D

Des zweyten Mittags von dem Feste
Erwachten kaum die werthen Gäste;
So stand vor ihren Augen da
Ein Pallast, hieß Lusinia.
Der, ohne daß mans wahrgenommen,
Wie aus der Erd' hervorgekommen.
Hier hub ein neues Schmausen an.
Auf einem schönen offnen Plan
Ward viel turnirt, und in den Sälen
Ließ mans an Spiel und Tanz nicht fehlen.
Bis man, durch tausend Feste müd,
Sich endlich von einander schied.

**Wie des Ritters Bruder mit losen und gleisneri-
schen Worten den Ritter Reimond wider die
edle Melusinen aufgebracht.**

Der Ritter lebte manche Zeit
Im Schooße süßer Einigkeit
Mit seinem holden Ehgemahl.
Es mehrte schöner Knaben Zahl
Sich jedes Jahr; und Gut und Geld,
Und Ruhm und Macht, und was die Welt
Zu wünschen, zu beneiden pflegt,
Ward von dem Glück ihm zugelegt.
Doch ach! wie untreu ist das Glück!
In einem schwarzen Augenblick

Fiel

Fiel es des Ritters Bruder ein,
Am Samstag Reimonds Gast zu seyn.
Er eilt aufs Schloß. Mit Freuden nahm
Ihn Reimond auf; doch Mittags kam
Die schöne Melusine nicht
Zur Tafel, und Don Seebald spricht:
Wo bleibt denn deine schöne Frau,
Herr Bruder? Nimms nicht so genau,
(Erwiederte der Ritter drauf)
Sie hält wo insgeheim sich auf.
Ich hab' es ihr erlauben müssen,
Sich jeden Samstag zu verschliessen,
Und nie zu fragen, was sie thu.
Welch ein gutherzig Ding bist du!
(War Seebalds Antwort) hältst du dann
So heilig dieß? Bist du ein Mann,
Und lässest dir so was gefallen?
O du, von frommen Männern allen
Der Frömmste, der Geduldigste!
O Reimond, Reimond! hat man je
So was erlebt? doch, Bruder, höre!
Im ganzen Lande geht die Mähre,
Daß deine Frau die schwärzste Fey,
Und in des Satans Bunde sey.
Wie? wenn dieß nicht bloß Sage wäre?
Wie? wenn sie heimlich ihrer Ehre

D 2

Vergäße? Bruder, folge mir
Und geh, und sieh! Selbst sieh, was ihr
In ihrer sichern Einsamkeit,
So ohne dich das Herz erfreut.
Ich fodre dieses brüderlich;
Sonst schwör' ich heilig dir, daß ich
Nichts weiter von dir hören mag!
Und hiemit, Bruder, guten Tag.

Wie der Ritter die schöne Melusine im Bad erblicket.

Mein Bruder hat, beym Geyer! Recht,
(Gedachte Reimond) es ist schlecht,
Daß ich durch diese tolle Sache
Zum allgemeinen Spott mich mache!
Sich jede Woche zu verschliessen?
Potz Stern! Ich soll und muß es wissen,
Was sie in dieser Kammer thut,
Worinn sie jeden Samstag ruht!

Gesagt, geschehn. Er eilet fort
Zu dem ihm so verschloßnen Ort;
Spitzt lange Zeit sein horchend Ohr;
Hört nichts; zieht drauf sein Schwert hervor
Und bohrt ein Loch sich in die Thür.
O Himmel! was erblickt er hier!

In

In einem kleinen Silberteich
Sah er sein Weib, den Schwimmern gleich,
Ganz nackend in den Fluthen wühlen,
Darinnen plätschern , tauchen, spielen,
Und scherzen, wie bey Sonnenglut
Die Schaar des Wasservolkes thut.
Ey! (dachte Reimond) welch ein Spiel!
Als ihm noch was ins Auge fiel,
Wovor die Haut ihm schauderte.
Die Dame hob sich in die Höh,
Und da sah er, versteinert ganz,
An ihr, (o Wunder!) einen Schwanz
Mit bunten Schuppen überzogen,
Die in den hellen Wasserwogen
So bläulich glänzten als Azur.
Wie Reimond hier zusammenfuhr
Läßt sich gedenken. Er entfloh,
Und seine Flüche strömten so:

O ich Betrogner! Falsches Weib!
So war es dein Sirenenleib,
Den du des Samstags pflegen mußtest,
Und mir so zu verbergen wußtest?
Wie kocht mein aufgebrachtes Blut!
O Ungeheur! steig aus der Fluth,
Und du sollst sehn! —— Doch, Reimond, wie?
Was zürnst du denn so sehr? Ist sie

Nicht

Nicht immer noch so wunderschön,
Als wie du sie zuerst gesehn?
Was geht dich dieser Fischschwanz an?
Des Samstags nur! — Und blos ihr Mann
Weiß dieß Geheimniß! Geh, und schweig!
Und du, der Venus ähnlich, steig
Aus deinem Bade, Melusine,
Daß dir dein Sclav von neuem diene!
Für dich aufs zärtlichste gesinnt
Hat Reimond nichts gesehn, mein Kind!

    Der Ritter sprachs mit milderm Ton.
Des Sonntags Morgens fand er schön,
Wie er erwachte, reizend warm,
Sein schönes Weib in seinem Arm;
Vom Fischschwanz weiter keine Spur,
Weshalb der Ritter heimlich schwur,
Sich alles Argwohns zu entschlagen,
Und nie, was er gesehn, zu sagen.
Wie glücklich, hätt' er es gethan!
Doch, lieben Herrn, hört weiter an!

Wie

Wie der Ritter sich vom Zorn hinreissen lassen, daß er sein Ehgemahl vor den Leuten beschämt.

Ein weisses Kätzchen, Wienz genannt,
Ward oft von Melusinens Hand
Geneckt, gefüttert, und gestreichelt,
Und von dem ganzen Haus geschmeichelt,
Weil es der Dame Liebling war.
Ihr Junker Hänschen, roth von Haar,
Wild von Gemüth, nahm einst beym Ohr
Das arme weisse Wienzchen vor,
Fieng an, es jämmerlich zu zwicken,
Ihm seinen Tygerschwanz zu drücken,
Daß auf sein klägliches Geschrey
Frau Melusine schnell herbey
Zu Hülf ihm eilt. Auf frischer That
Muß, was es ausgeübet hat,
Das schadenfrohe Hänschen büßen.
Sie peitschet, obgleich Thränen fliessen,
Den Wildfang, voller Grausamkeit,
Daß er nunmehr weit lauter schreyt,
Als Wienzchen schrie. Der Vater kam
Alsbald herzu, zog Runzeln, nahm
Sein Hänschen mitleidsvoll in Schutz.
Die Dame fuhr mit edlem Trutz
Zu peitschen fort; als schnelle Wuth
Den Ritter faßt, und roth wie Blut

D 4

Im

Im racherfüllten Angesicht
Er also zu der Dame spricht:
Hör auf zu wüthen! Ungeheuer
Von Grausamkeit! dir ist nichts theuer!
Nicht deine Kinder, dein Gemahl!
Mit Recht gehörst du zu der Zahl
Der Schlangenbrut, von welcher du
In deiner schnöden Samstagsruh
Den Schwanz verbirgst! —— O welch ein Loos
Riß mich in einer Zaubrinn Schoos!
Denn dieses bist du! Komm, mein Sohn,
Mach dich aus ihren Klaun davon!

 Indem des Ritters Zorn dieß sprach,
Versammelte sich nach und nach
Sein ganzer Hofstaat, und vernahm
Den Schluß der Rede. Voller Schaam
Schlug sein Gemahl den Blick zur Erde,
Bis sie mit seufzender Geberde
In diese Thränenworte bricht:
O du Elender, daß dir nicht
Die Zung' erstarret, eh du sprachst,
Und du den theuren Eydschwur brachst!
Daß du im Bade mich erblickt,
War, da du es in dir erstickt,
Noch zu verzeihn; doch daß der Welt
Dein Jachzorn mich zur Schau hier stellt,

Dieß

Dieß kann dir keine Macht vergeben,
Und trennet unser himmlisch Leben!
Hätt' ich doch nimmer dich erkohren!
Treuloser, ja, du bist verlohren,
Und ich mit dir! Auf ewig muß,
Durch des Geschickes festen Schluß,
Dich deine Melusine meiden!
Bereite dich zu ihrem Scheiden!

Wie die schöne Melusine kläglichen Abschied nahm, und als eine Meerfey gestaltet zum Fenster hinausfuhr.

Herr Reimond höret alles das
Gleichgültig an, hofft, es sey Spaß,
Und überläßt dem andern Morgen
Für die Entwickelung zu sorgen.
Doch wie erblasset sein Gesicht,
Als mit des nächsten Tages Licht
In tiefen schwarzem Trauerstaat
Frau Melusine sich ihm naht,
Den weissen Arm fest um ihn schlingt,
Und, daß es ihm das Herz durchdringt,
Mit tiefem Seufzen zu ihm spricht:
Ade, mein Reimond! Länger nicht
Vergönnt dir meinen treuen Kuß
Des eisernen Geschickes Schluß;

Ich

Ich muß von hier! O welcher Schmerz!
Mein Reimond, sieh, mir bricht das Herz!
Gehabt euch wohl, ihr holden Auen,
Ich werde nie euch wieder schauen!
Lusinien! du Lustpallast,
Der alle Freuden in sich faßt,
Die je ein fühlend Herz genossen,
Der unsrer Ehe blühnde Sprossen,
Der meinen theuresten Gemahl
Beherbergt — s zum letztenmal
Gehabt euch wohl! Und du, mein Freund,
Mit dem die Liebe mich vereint,
O! daß nie Argwohn und Verdacht
Mich zur Unglücklichsten gemacht!
Doch Reimond, Reimond! sicherlich
Erinnerst du noch manchmal dich
Der Melusine, die hier sieht,
Und nun auf ewig von dir geht!

Sie sprachs; und riß sich mit Gewalt
Aus seinem Arm; und alsobald
Fuhr sie gleich einem Zauberduft
Durchs offne Fenster in die Luft:
Und all ihr Hofgesinde sah
Das Wunder, das mit ihr geschah,
Indem sie, nach Sirenenart,
Am Untertheil verwandelt ward,

Und

Und sich in einen Fischschwanz schloß,
Sie schwebte dreymal um das Schloß;
Gab dreymal noch mit ihrer Hand
Das Abschiedszeichen, und verschwand.

Der Ritter stand nun, wie ein Narr,
Vor Schrecken und Verwundrung starr,
Und schrie und heulte wie ein Thor,
Da sie sich in die Luft verlohr.
Wie gern hätt' er nie was gesehn,
Jedoch das Unglück war geschehn!

Die Neugier ist ein schlimmes Ding,
Wie's hier dem Ritter Reimond gieng,
Der mehr sah, als ihm dienlich war;
So gehts noch oft der Männer Schaar.
Hört drum, ihr Herren, meinen Rath!
Die angenehmste Dame hat
Doch ihren Fischschwanz. Trinket sie,
Scharmirt sie, spielt sie, zanket sie;
Mag sie mit ihren Seelenschwestern
Gern beten, plaudern, oder lästern;
Fährt sie gern zu Visiten aus,
Zur Maskerad, ins Schauspielhaus;
Und thuts nur, wie Frau Melusine
Die Woch' einmal: so zieht die Mine
Nicht allzusauer! denkt, seyn klug,
Auch mit dem Fischschwanz gut genug!

II. Schreck-

II.

Schreckliche
Geschichte von einer untreuen Braut,
die der Teufel hohlen sollen.

***

**Wie Wolmar und das schöne Hannchen einander
zärtlich liebten, und ewige Treue sich gelobten.**

Ihr Herrn, und Damen! lernt hier fein,
Wie schön es ist, getreu zu seyn,
Damit euch einst nicht wiederfährt,
Was Ihr in diesem Mährlein hört.

Ein hübsches Mädchen, wohlbekannt
Im angenehmen Sachsenland,
Das Greis und Jüngling reizend pries,
Und nur das schöne Hannchen hieß;
Ward, wie man leicht gedenken kann,
Von manchem jungen Ehrenmann
Zur Frau begehrt. Allein ihr blieb
Vor allen nur ihr Wolmar lieb,
Der mit ihr aufgeblühet war,
Und dem sie schon im zwölften Jahr
Ihr Herz geschenkt. Ein guter Junge
War Wolmar auch. Mit süßer Zunge

Sprach

Sprach er ihr lauter Schönes vor.
Oft, wenn des Thaues Silberflor
Die schlummernde Natur umfloß,
Riß er sich aus der Ruhe Schooß,
Nahm seine Zither; kling! kling! klang!
Stimmt er an ihrem Fenster, sang
Bey liebegünstgem Mondenschein
Ein angenehmes Lied darein,
Bis Hannchen sich am Fenster wies,
Und freundlichbös ihn schlafen hieß.
Im Lenze wußt' er allemal
Ein heimlich sonnenreiches Thal,
Wo er die ersten Veilchen fand,
Und sie zu einem Strauß ihr band;
Und wenn ein Röschen nach und nach
Im Sommer aus der Knospe brach:
So wards gewiß von ihm entdeckt,
Und Hannchen an die Brust gesteckt.

Einst, als sie auf dem Blumenrasen
Zufrieden bey einander saßen;
Sprach Wolmar, als er sie geküßt:
Du, mein geliebtes Hannchen, bist
Mein Alles! Aber ach! verbittre
Mein Leben nicht! Gewiß! ich zittre,
Wenn ich manchmal gedenken muß,
Daß du einst diesen Honigkuß

Auch einem andern schenken könntest,
Und ungetreu dich von mir trenntest!
Auch einem andern? Nimmermehr!
(Sprach Hannchen drauf) hier, Freund, gieb her
Die liebe Hand! In meinem Leben
Will ich mich keinem andern geben!
Und halt ich nicht, was ich dir sage,
So führ' an meinem Hochzeittage
Der böse Feind mich durch die Luft.
Top; (sagte Wolmar drauf) und ruft
Den Himmel und den Wald zu Zeugen.
Indem verstummet in den Zweigen
Das frohe Lied der Nachtigall;
Dafür ertönt ein Unglücksschall
Aus großer schwarzer Raben Kehle.
Doch der Verliebten trunkne Seele
Gab auf dieß Zeichen wenig Acht,
Und fühlte nur der Liebe Macht.

Wie

Wie der reiche Herr Fixen das schöne Hannchen
freundlich zur Ehe begehrte, und Mama ihr
Töchterlein beredte, ihn zu heirathen.

Doch was geschieht? nach wenig Tagen
Erscheint in einem goldnen Wagen
Ein reicher Wucherer; hält an
Um Hannchen; ihm wird schön gethan
Vom Herrn Papa, der Frau Mama,
Und er erhält der Aeltern Ja.
Zwar Hannchen will von ihm nichts wissen,
Läßt viele Tage Thränen fliessen;
Rauft sich die goldnen Locken aus,
Und füllt mit Ach und Weh! das Haus;
Bis einst Mama spottlächelnd spricht:
Sey so ein albern Mädchen nicht,
Und stoß ein solches Glück von dir,
Das manche wünschten. Sage mir,
Was fehlt Herrn Fixen? Etwas alt?
Ey nun! das thut nichts! von Gestalt
Nicht allzureizend? das sind Possen!
Dagegen fährst du in Carossen!
Hast zwanzig Schlender; Brüßler Kanten
Bey ganzen Stücken; Diamanten
In jedem Ohr, in jeder Locke;
Gehst stets geputzt, wie eine Docke;

Trägst

Trägst deine Brust beständig blos;
Hast Perlen, ächt, wie Bohnen-groß,
Um Hals und Arm; brillantne Ringe
An jedem Finger; und der Dinge
Viel mehr, als ich hier nennen kann.
So was kann doch wohl einen Mann
Noch ziemlich uns erträglich machen?
Nicht wahr? So fragte sie mit Lachen;
Indem erschien in langen Reihn
Ein Trägerheer. Man trug herein
Viel Kistchen, Kästchen, Schächtelchen,
Viel Schlender, Roben, Mäntelchen;
Der Hauben zehnerley dazu;
Saloppen, und gestickte Schuh;
Und eine prächtge Toilette,
Wie eine Gräfinn gern sie hätte;
So daß das schöne Hannchen ganz
Verblendet ward von allem Glanz.
Gut! (rief sie) ich will mich bequemen!
Es sey! Ich will Herrn Fixen nehmen!

Wie

Wie Wolmar den Teufel citirt, und der Schwarze auf dem Tanzsaale erschien, auch was mehreres sich eräugnet.

Bald drauf ward mit der größten Pracht
Zur Hochzeit Zurüstung gemacht.
Der Tag erschien, und funfzig Gäste
Begaben sich zum Schmausefeste.
In braunem Sammt, mit Gold gestickt,
Erscheint Herr Fix. Die Braut entzückt
In Silberstoff; und nach dem Mahl
Eröffnet man im hohen Saal
Den lauten Tanz. Indessen sitzt
Der arme Wolmar, racherhitzt,
Um Mitternacht auf seinem Zimmer
Bey einer Lampe düsterm Schimmer.
Auf einmal ruft er wüthend aus:
O du, der in der Hölle Graus
Die Herrschaft hat! wie? siehest du,
Beelzebub, gelassen zu,
Daß dir die Untreu Nasen dreht,
Und man so deine Macht verschmäht?
Du weißt es, Sie hat sich vermessen,
Daß, würde Sie mich einst vergessen,
Beelzebub sie hohlen soll.
Auf! hohle Sie! Ihr Maaß ist voll!

Er sprach. Und Herr Beelzebub
Nahm ohne längeren Verschub
Den Weg zum Tanzsaal. Parfumirt,
Geputzt, geschminket, und frisirt,
In einem schönen rothen Kleide,
Mit Gold gestickt, kam er zum Neide
Von allen jungen Herrn herein,
Und trat mit in der Tänzer Reihn.
Nach kurzer Zeit bot er galant
Der liebenswürdgen Braut die Hand.
Doch seine Hand war höllenheiß.
Die Braut befiel vor Angst ein Schweiß;
Denn sie, und ihrer Gäste Heer
Sahn an dem Cavalier nunmehr
Mit Schrecken einen Pferdefuß;
Und ein Gestank von Pech und Ruß
Zog durch das ganze Tanzgemach,
Bis endlich so der Böse sprach:

Ha! Falsche! Hält man besser nicht,
Was man der armen Treu verspricht?
Nach deinen feyerlichen Schwüren
Sollt' ich itzt durch die Luft dich führen.
Doch diese Strafe wäre dir
Nicht groß genung. Nein! Nein! Bleib hier!
Dein Mann soll dich, statt meiner, quälen!
Er wird dir als Tyrann befehlen;

Wird ſtets voll Eiferſucht dir dräun,
Und ſelber doch dir untreu ſeyn.
Kein Seufzer ſoll von dir ihn rühren!
Sein Haab und Gut ſoll er verlieren!
Und ob er gleich ſo häßlich iſt,
Daß niemand ſonſt als du ihn küßt;
So werd' er doch noch häßlicher,
Bis bettelarm, vom Kummer ſchwer,
Du ihn unzählichmal verfluchſt,
Und in Verzweiflung Rettung ſuchſt!

Der Böſe ſprach es, und verſchwand.
Indeß die Braut verſteinert ſtand,
Lief alles aus dem Tanzſaal fort.
Beelzebubs wahrſagend Wort
Ward nach der Hochzeit ſchnell erfüllt.
Herr Fix, der Grobheit Ebenbild,
Ward bald aus einem Ehemann
Der eiferſüchtigſte Tyrann.
Sein Auge wachte Tag und Nacht;
Am Thor ſtand Argwohn und Verdacht,
Und machte von Verliebter Heer
Gar bald die finſtre Wohnung leer.
Zum Zeitvertreib trank er dabey
Der Weine viel und mancherley.
Sein Antlitz, das ſchon ſonſt erſchreckt,
Ward nun mit Finnen überdeckt;

E 2

Serſen.

Karfunkeln, blau, und roth, und grün,
Bedeckten Wangen, Stirn und Kinn.
An seinen Augen hingen Blasen;
Auch wuchsen ihm drey junge Nasen
Aus seiner Nase, daß zuletzt
Er vor sich selber sich entsetzt.
Nun fieng er noch zu spielen an;
Und als er all sein Gut verthan,
Da flogen Schlenter, Brüßler Kanten,
Und Ringe, Perlen, Diamanten
Der armen Frau zum Juden hin.
Ihr eitler Stolz, ihr hoher Sinn,
Ward tiefgebeuget. Spät und früh
Sah sie nur Jammer. Brauchte sie
Vom Teufel so geholt zu werden?
Die Hölle hatte sie auf Erden.

Anfang

Anfang
einer Batrachomyomachie,
oder
eines Frosch= und Mäusekrieges.

Erster Gesang.

Der Frösch' und Mäuse wilde Schlacht,
Die manchen Helden in die Nacht
Des Höllenreichs hinabgeschickt,
Und manches Staatsmanns Kopf verrückt,
Eh beyder Völkerschaften Feindschaft
Sich wiederum geneigt zur Freundschaft,
Besinge, Muse! Du bist es,
Die ehmals den Mäonides,
Und Rollenhagens Dichterkunst
Begeistert hast mit deiner Gunst.
Führ du mich durch den blutgen Streit,
Und kündige der Ewigkeit
Durch mich die hohen Thaten an,
Die Helden Frosch und Maus gethan.

E 3

Die

Die Fabel vom Mäuseprinz.

Was hilft das große Prahlgeschrey
Von Freundschaft und von Freundschaftstreu?
Die That, die That muß alles zeigen;
Sonst wollen Herr Bramarbas schweigen.

Einst war ein junger Mäuseprinz
Dem mörderischen Kater Hinz
Entwischt, nicht ohne Müh' und Noth.
Indem itzo das Morgenroth
Den Aufgang überpurperte,
Kam er zu einem frischen See.
Matt und erschöpft vom schnellen Fliehn,
Hängt er heißathmend über ihn,
Neigt sich, und trinkt mit frohem Muth
Herzhaft die süße Silberfluth,
So, daß sein dünner Knebelbart
Ganz voller kleiner Perlen ward.
Als so sein heisser Durst erlosch,
Erhob sein dickes Haupt ein Frosch,
Sah ihn mit großen Augen an,
Und sprach also zum kleinen Mann:

Wer bist du? Fremder! Welch Geschlecht
Hat, Königssohn, auf dich ein Recht?
Dein Gang und Ansehn königlich
Zeigt, daß du herrschest, so wie ich.
Ich bin der große Phisignat,
Der Herr von diesem nassen Staat;
Der Frösche ganze Nation
Neigt sich vor meinem mächtgen Thron.
Mein Vater Peleus zeugte mich
Schön, tapfer, klug, ganz ähnlich sich,
Mit einer schönen Helena,
Der göttlichen Hydromeda,
In einem weltberühmten Land,
Nah an der holden Pleisse Strand.
Bist du der hohen Freundschaft werth,
Womit der Froschmonarch dich ehrt;
So sage gleichfalls wer du bist,
Und wenn dein Blut von Fürsten fließt,
So fahr mit mir hinab zum See,
Daß dein erstauntes Auge seh,
Was mein krystallener Pallast
Für Pracht und Wunder in sich faßt,
Und lebe da, mit mir verehrt,
Ein Leben solcher Fürsten werth.

E 4

So sprach der Frosch; gleich hoher Weise
Antwortet ihm der Prinz der Mäuse:

Ich bin aus königlichem Samen;
Die Götter kennen meinen Namen,
Er ist den Sterblichen bekannt;
Und jeder See, und jedes Land,
Erschallet von dem Heldenruhm,
Der meines Stammes Eigenthum,
Und längst so weit erschollen ist,
Daß keine Nachwelt ihn vergißt. —⋅ —

Zwey Fabeln

in Burkard Waldis's Manier.

I.

Die Fabel
vom Argus, Merkur und der weissen Kuh.

Was soll der mytholog'sche Kram?
Sprach einst der junge Mahler Braam
Zum Mahler, Herrn Gevatter Brand,
Indem er ihn beschäftigt fand,
Herrn Jupiters schneeweisse Kuh,
Den Argus und Merkur dazu,
Auf seine Leinwand aufzutragen;
Was will der dumme Plunder sagen?
Fuhr er in seinem Eifer fort;
Kein Mensch versteht davon ein Wort.

Gevatter, sprach sein Freund, seht hie,
Man nennt so was Allegorie;
Und in dem Ding steckt manches drinn
Von sehr geheimen, feinem Sinn.

E 5

Die

Die Kuh ist eine schöne Frau,
Vom Argus, ihrem Mann, genau
Mit hundert Augen, Tag und Nacht,
Von hinten und von vorn bewacht,
An die doch Herr Merkur sich macht.
Was thut der schlaue Herr Galan?
Zuerst gewinnt er sich den Mann,
Bläst ihm auf seiner Flöt' daher
Viel Noten in die Kreuz und Queer,
Und pfeift so lang' und süß ihm vor
Von Freundschaft; bis der arme Thor
In einen sanften Schlummer fällt,
Und Herr Merkur die Kuh erhält.

So, wie Herr Hauptmann Hasenfuß,
Der Sieger über Apfelmus,
Und Reiß und Grütz' und Hirsenbrey;
Er nimmt die Flöte, Schmeichlerey,
Bläst Dudeldum und Dudeldey,
Mit aller Freundschaftsheucheley,
Euch, Herr Gevatter, in das Ohr;
Ihr seyd, Herrn Argus gleich, der Thor;
Schlaft als ein guter Ehmann ein;
Und er schleicht zur Madam hinein.

II.
Der wiedergefundne Esel.

Mit sechs sehr art'gen Eselein
Gieng Stöffel in die Stadt hinein,
Sie auf dem Jahrmarkt zu verkaufen.
Er sah den langgebhrten Haufen
In bunten Sprüngen vor sich laufen,
An Disteln, Saat und Hecken raufen;
Er aber gieng projektenschwer
Zu Fuße sachte hinterher.

Er kam zum Markt, und stellte sich
Gar artig und gar säuberlich
Mit seinen Eseln in die Reih;
Der Käufer mancher kam herbey,
Begaffte sie zum Zeitvertreib
Vom Schwanz zum Ohr, vom Huf zum Leib;
Doch nach viel Gucken breit und lang
Gieng jeder wieder seinen Gang.

Freund Stöffel ward des Guckens satt;
Es war in dieser werthen Stadt
Itzt grad' an Eseln keine Noth,
Drum that ihm keiner ein Geboth,
Daß er, weil schon der Abend kam,
Nun seinen Weg nach Hause nahm.
Die Nacht brach unterweges ein;
Doch wars zum Glück hell Mondenschein.

Er

Er sang und trallerte, wie toll,
Daß rings umher das Feld erscholl.
Auf einmal fiels aus Angst ihm ein,
Daß er mit seinen Eselein
Das Galgenfeld durchkreuzen müsse;
Ihm zitterten vor Furcht die Füße,
Und auf der Stirn stand tropfenweis
Ihm wahrer kalter Todesschweiß.

Im Galgen hieng, fast ganz Gebein,
Von einem Dieb der Wiederschein;
Und gleich daneben stand sogar
Ein Rad, worauf mit Haut und Haar
Ein Mörder aufgeflochten war.

Schon sah nun hier der arme Tropf
Vom Nagel den gespaltnen Kopf,
Den offnen Rachen, und die Zähne,
Anfletschend ihn, wie die Hyäne.

Zuletzt fiels ihm zum Glück noch ein,
Der Angst geschwinder los zu seyn,
Auf seinen größten Esel sich
Zu setzen, und so meisterlich
Das Galgenfeld hindurch zu jagen.
Er thats, sprang auf, fieng an zu schlagen,
Zu spornen, schloß die Augen zu,
Und ließ dem Esel keine Ruh,
Bis er der schrecklichen Gefahr
Zuletzt beglückt entronnen war.

Nun, Hänschen, laßt uns sachte reiten,
Wir sind nun, sprach er, bald bey Leuten.
Sie schlichen drauf durch Wies' und Thal
In Ruh dahin beym Mondenstrahl.
Itzt fiels ihm ein, einmal zu zählen;
Und, welch ein Schrecken seiner Seelen!
Er fand den größten Esel fehlen.
Der Angstschweiß läuft ihm vom Gesicht;
Er pfiff und schrie; Hans hörte nicht;
Er klagte, weinte bitterlich;
Umsonst, kein Hänschen zeigte sich.
So kam er mit betrübtem Blick
Zu früh nun in sein Dorf zurück.
Der kleinen Esel ganzer Haufen
Begab sich alsobald aufs Laufen,
Und rufte schon vorm alten Thor
So laut vor Hunger, daß das Ohr
Der Frau am Spinnrad es vernahm,
Die alsbald an die Hausthür gieng, *)
Und ihren lieben Mann empfieng.
Dem war nun gar nicht wohl zu Sinn;
Ach! sprach er schluchzend, Frau, ich bin —
Ich bin — doch schlag nur nicht gleich zu —
Beklagenswürdig; denn, hör zu,

Mein

*) In der Handschrift stand vorher für gieng — kam. Ohne
daran zu denken, daß der vorhergehende Vers noch einen Reim
foderte, durchstrich dieß der Verfasser, und reimte diesen Vers
durch gieng mit dem folgenden. A. d. H.

Mein sechster Esel fehlt mir noch;
Ich hab' ihn beym verfluchten Koch
Im Galgenfeld gewiß vergessen,
Wo ihn der Mörder aufgefressen.
Die Frau hohnlachte, da er sprach,
Zählt' aber gleich die Esel nach,
Und sie fand sie nun alle da;
Sie trat dem Manne hämisch nah,
Und sprach: Hör auf, du Tropf, zu schreyn;
Die Zahl der Esel trift ja ein;
Steig ab, du Eselsangesicht!
Reitst du denn auf dem sechsten nicht?

Zerstreut sucht so Herr Bienenschwarm
Den Hut; und trägt ihn unterm Arm.

Fragment.

Pyrmont = Elysium.

Ein scherzhaftes Gedicht in · · · Gesängen.
An
den Kammerherrn v. K. zu Braunschweig.

Im Oktober, 1776.

Erster Gesang.

Du, der mich schon als todt beweint,
Vernimm, mein edelmüth'ger Freund,
Wie manches seltsam Abentheuer
Dem Eisblut neues Lebensfeuer,
Den Nerven wieder Federkraft,
Und Bilder dem Gehirn verschafft.
Vernimm, wie ich bereits den schwarzen Erebus
Vor mir gesehn, den wilden Höllenfluß,
Und seine Feuerfluth, den morschen Schifferkahn,
Herrn Charon selbst, den schmutz'gen Ehrenmann,

Den

Den plumpsten Kerl, das fürchterlichste Ding,
Das je in Schifferhosen gieng;
Auch den Herrn Cerberus, den art'gen Kettenhund,
Mit seinem dreyfach offnen Schlund,
Die Parzen, Furien, den wilden Minotaur,
Und all das Lumpenzeug, Harpyen und Centaur,
Das in der Höllen Vorhof heckt,
Und da im Eingang schon die armen Schatten schreckt.

Doch hör' auch, wie mein Schritt in schöneren Gefilden
Gewandelt hat, als jene, wo im Wilden
Mit Frau Sybillen sich der Trojer Held ergötzt,
Als seine Thränenfluth des Vaters Stirn benetzt.
Denn diesem lieben, frommen Mann
Kam gar zu leicht das Weinen an,
Ob er den Turnus gleich mit kaltem Blut durchstach,
Und sonst gern jede Pflicht, den Menschen heilig, brach.
Vernimm, wie ich, in Schwermuth ganz versunken,
Von Krankheit ganz verzehrt, aus besserm Quell getrunken,
Als Lethens Quelle war. Dann steige, dir zum Ruhm,
Mein Hymnus himmelwärts, Pyrmont-Elysium!

Und du, o Muse, habe Dank,
Daß du mir Liebe zum Gesang,
Den Feuertrieb zur Dichtkunst schenktest,
Und früh mich in das Reich der Phantaseyen lenktest.

Wie

Wie oft schlief ich in güldnen Träumereyn,
Trotz allen Schmerzen, ruhig ein!
Wie oft hab' ich in Unglücksstunden
Nur Trost allein durch dich empfunden,
Wenn du holdselig zu mir kamst,
Mich freundlich in die Arme nahmst,
Durch deinen Zauber mich ins Reich der Freude setztest,
Und mich durch Harmonien Unsterblicher ergetztest!
Drum, Muse, Lebens-, Lebenslang
Weih' ich dir Saitenspiel und Dank!

In ihrer fürchterlichsten Tracht
Stieg itzt die schwerste Mitternacht
Auf ihren finstern Thron. Es brausten Stürme
Wild vor ihr her. Das Haupt der Thürme
Schien mir zu wanken, Wetterfahnen schrien,
Man sah bey Schaaren Eul' und Uhu ziehn;
Und wars, als herrsche, los von ewigen Gesetzen,
In der Natur ein allgemein Entsetzen.
Da lag ich muthlos, kraftlos, matt,
Von tausend Kummer voll, auf öder Lagerstatt.
Mit ruhetraüfelndem Gefieder
Flog oft der Schlummergott das Zimmer auf und nieder;
Allein der Falsche senkte nicht
Sich auf mein kaltes Angstgesicht;
Und eh ich seine Macht empfunden,
War er bereits vor meinem Blick verschwunden.

Zachariä Schriften.　　F　　Dagegen

Dagegen stand (mir sträubte sich das Haar
Am Haupt empor!) ein scheußlich weiblich Paar
Gespenstermäßiger Figuren
Vor meinem Bette.. Kalte Schauder fuhren
Mir durch die Adern. Denn die Eine, bleich,
Und hager, wie der Tod, ergrif sogleich
Mich mit eiskalter Hand. Die Augen rollten Feuer,
Und, mit den Zähnen klappernd, sprach das Ungeheuer:

    Hier! du! hier bin ich; kennst du nicht
Die Mächtige, die itzo mit dir spricht? — — —

Entwurf

Entwurf
der erſten ſechszehn Geſänge
der Eroberung von Mexiko,
eines Gedichts in vier und zwanzig Geſängen.

Erſter Geſang.

Einleitung in das Gedicht. Motezuma hält mit den Großen ſeines Reichs Rath, ob er den Cortes und ſeine Spanier umbringen laſſen ſolle, oder nicht. Sein Feldherr Xittvalo räth es ab. Gatumozin, ein Prinz von kayſerlichem Geblüte, behauptet, man müſſe ſie tödten. Ein Sklave kömmt, und bringt die Nachricht, daß Qualpopoka, ein Heerführer des Motezuma, die bey Vera Crux vom Cortes zurückgelaſſenen Spanier angegriffen, und einige davon getödtet habe; der Sklave überreicht zugleich den Kopf des Arguello, den Qualpopoka lebendig gefangen bekam, und ihn dem Kriegsgotte geopfert. Motezuma begiebt ſich in den großen Tempel des Kriegsgottes, und weiht das Haupt des Spaniers ſeinem Götzen mit vielen Verwün-

F 2

ſchungen

schungen über die Europäer. Das Bild des Waffengottes verkündigt durch betriegerische Künste seinen Zorn. Motezuma thut ein Gelübde, die Spanier zu opfern. Er kehrt nach seinem Pallaste zurück, und ertheilt die nöthigen Befehle, sein Kriegsheer zu versammeln, um in der künftigen Nacht die Spanier zu überfallen. Es findet sich kein Anführer. Gatumozin giebt sich von selbst dazu an. Der Kayser verspricht ihm eine von seinen Töchtern zur Gemahlinn, wenn er die Spanier glücklich überwältigen sollte; es werden zwey prächtige Federkronen gebracht, welche die Prinzeßinnen verfertigt. Gatumozin wählt die von der Almeria, und erklärt sich zu ihrem Anbeter.

Zweyter Gesang.

Thamanalko, der Genius von Mexiko, der von dem feuerspeyenden Berge Xiko die Schlacht zwischen den Spaniern und Mexikanern angesehn, sieht die abgeschiednen Seelen der Spanier, nach Mexiko zu, schweben. Er läßt sie durch einen seiner Untergeister vor sich bringen. Er verweist ihnen mit harten Worten ihren Einbruch und ihre Räubereyen in einem fremden Welttheile. Eskalante verlangt nach den Gesetzen der Freundschaft, dem Cortes erscheinen zu dürfen, um ihn vor seinem bevorstehenden Unglücke zu warnen. Thamanalko führt ihn mit sich zum großen Be-

herrscher

herrscher des Nordpols, Pantamator. Sein Aufenthalt
wird beschrieben, wie auch die Wohnungen der Abgeschiedenen, und der Lichtstrom, worinn sich alle Seelen kürzere
oder längere Zeit baden müssen, nachdem sie mehr oder weniger Vorurtheile abzulegen haben. Es wird der Seele
des Eskalante erlaubt, dem Cortes zu erscheinen. Der
Schatten kömmt nach Mitternacht in Cortesens Pallast an.
Die Schildwache sieht ihn, und meldet es dem wachthaben-
den Offizier Gusmann, der es sogleich dem Cortes anzeigt.
Cortes nimmt seine Waffen, sieht den Schatten ebenfalls,
und redet ihn an; der Schatten winkt ihm, ihm zu folgen.
Cortes thut es; der Geist erzählt ihm seinen Tod und die
Niederlage der Spanier. Cortes kehrt bestürzt zum Gusmann zurück — und der Schatten des Eskalante verschwin-
det. Pantamator läßt ihn mit den übrigen Spaniern zur
Unterwelt führen, um in dem ewigen Lichtstrome von Vor-
urtheilen geläutert zu werden.

Dritter Gesang.

Der Morgen bricht an. Cortes ist voller Unruhe über
seine Erscheinung. Gusmann wird in die Stadt gesandt,
das Betragen der Mexikaner zu untersuchen. Er geräth
von ohngefähr in einen der Gärten des Motezuma. Gatumozin, der Liebhaber der Almeria, erzählt ihr die Nie-

F 3   derlage

berlage der Spanier bey Zumpoala, und das Vorhaben,
die übrigen Spanier in Mexiko in der folgenden Nacht zu
überfallen und umzubringen. Almeria beklagt die Fremden. Nachdem Gatumozin fort ist, fällt Gusmann, der
sich ebenfalls in die Almeria verliebt hat, ihr zu Füßen,
und entdeckt ihr seine Leidenschaft. Almeria giebt ihm
Hoffnung, und erlaubt ihm, wieder in diesen Garten zu
kommen. Gusmann erzählt Cortesen seine gemachten Ent-
deckungen, und es kommen Boten mit der Bestätigung
von des Eskalante Tode und der Opferung des Arguello.
Cortes läßt den Kriegsrath zusammenrufen.

Vierter Gesang.

Die Häupter des Heeres kommen zusammen. Ihre
Charaktere werden gezeichnet. Cortes erzählt die Niederlage der Spanier, und giebt zur Ueberlegung, ob man
Mexiko verlassen solle oder nicht. Verschiedene Meynungen der Heerführer. Cortes erklärt endlich, daß er seine
Spanier rächen, und vom Kayser Genugthuung haben
wolle. Es wird beschlossen, den Kayser gefangen zu nehmen, und solches auch ausgeführt. Motezuma wird in
den Pallast der Spanier gebracht, und giebt heimlich Befehl, das unter dem Gatumozin stehende Kriegsheer aus-

einander

einander gehen zu laſſen. Cakumazin wird abgeſandt, den Qualpopoka gefangen zu nehmen. Gatumozins Wuth, daß ſeine Hoffnung ihm fehl geſchlagen.

Fünfter Geſang.

Thamanalko iſt in der größten Unruhe über Motezumens Gefangennehmung. Er verſammelt alle Schußgeiſter von Amerika. Zimſi, der Genius der Liebe, thut den Vorſchlag, die Europäer durchs Frauenzimmer auf ihre Seite zu bekommen. Er erzählt ſeinen Sieg, den er ſchon über Gusmann erhalten. Man ſtimmt ſeinem Vorſchlage bey. Zimſi erſcheint dem Motezuma im Traum und räth ihm an, zwanzig der ſchönſten Sklavinnen dem Cortes zum Geſchenk zu machen; welches Motezuma auch ausführt. Cortes verliebt ſich in die Marina. Gusmann ſpricht die Prinzeßinn Almeria nochmals in den Gärten des Motezuma. Sie überhäuft ihn mit Vorwürfen wegen der Gefangenſchaft ihres Vaters. Gusmann verſpricht ihr mit ſeinem eignen Leben für ſein Leben zu haften.

Sechs-

Sechster Gesang.

Der Feldherr Qualpopoka wird gefangen vor Motezuma geführt. Auf große Versprechungen des Kaysers läugnet er, daß er zum Ueberfalle der Spanier von seinem Monarchen Befehl gehabt. Cortes verurtheilt ihn in seinem Kriegsgerichte, lebendig verbrannt zu werden, worauf Qualpopoka dem Kayser alle Schuld giebt. Die Gemahlinn des Qualpopoka, die schöne Sinintli, thut in der Nacht einen Fußfall vor dem Cortes und bittet um das Leben ihres Mannes, oder um die Erlaubniß, sich mit ihm verbrennen zu lassen. Cortes schlägt ihr beydes ab.

Siebenter Gesang.

Der Tag bricht an. Der Scheiterhaufen wird errichtet. Qualpopoka ergießt sich in Verwünschungen wider seinen Kayser und wider die Europäer. Er wird im Angesichte einer unzähligen Menge Mexikaner verbrannt, und seine Gemahlinn, die durch den Kreis gedrungen, stürzet sich mit in die Flammen. Während der Hinrichtung belegt Cortes den Kayser mit Ketten, die er ihm nach derselben auf den Knieen wieder abnimmt. Die erste Bestürzung der Mexikaner verwandelt sich in Haß und Wuth wider ihren Kayser und die Europäer. Sie erwählen den Gatumozin

mozin zum Anführer ihrer Rache. Cortes, ter ten heran-
nahenden Sturm merkt, macht alle Anstalten, sich tapfer
zu wehren.

Achter Gesang.

Der Pallast der Spanier wird bestürmt, die Feinde aber
werden zurückgeschlagen. Die Mexikaner zünden ihn des
Nachts an, man findet aber Mittel das Feuer zu löschen.
Cortes thut des andern Tages einen Ausfall, wobey er in
Lebensgefahr kömmt, doch den Dueno aus den Händen der
Feinde errettet. Motezuma sucht Cortesen zu bereden, die
Stadt zu verlassen, worinn dieser auch willigt, wenn die
Mexikaner vorher die Waffen niederlegen würden.

Neunter Gesang.

Ein neuer viel heftigerer Sturm auf den Pallast der Spanier. Motezuma tritt auf den Altan heraus, seine auf-
rührischen Unterthanen zu besänftigen, wird aber von einem
ihrer Pfeile tödtlich verwundet. Die Mexikaner nehmen
die Flucht, da sie den Kayser fallen gesehn. Motezuma
läßt, ehe er stirbt, seine beyden Töchter noch vor sich
kommen, und empfiehlt sie, so wie seine Söhne, Cortesens
Schuße. Er stirbt in voller Wuth. So wie sein Tod
bekannt wird, ruft man den Gatumozin öffentlich zum neuen
Kayser aus.

F 5 Zehnter

Zehnter Gesang.

Cortes schickt die Leiche des verstorbenen Kaysers in die Stadt. Es entsteht ein allgemeines Geheul. Gatumozin giebt Befehl, den Körper des Motezuma prächtig zur Erde zu bestatten; er sendet hierauf eine große Gesandtschaft an den Cortes, die Friedensvorschläge thun, und die Prinzen und die beyden Prinzessinnen des Motezuma zurückfodern muß. Gusmann entdeckt dem Cortes seine Liebe gegen die Almeria. Almeria wird eine Christinn und Gemahlinn Don Gusmanns. Olunna wird dem neuen Kayser zugesandt. Sie nimmt mit bittern Reden von ihrer Schwester Almeria Abschied.

Eilfter Gesang.

Gatumozin erklärt die Prinzessinn Olunna zu seiner Gemahlinn, und läßt sich öffentlich mit ihr im Tempel des Waffengottes krönen. In einem geheimen Rathe mit den Großen seines Reiches thut er den Vorschlag, nicht ferner mit den Spaniern mehr zu streiten, sondern sie in ihren Pallast einzuschliessen, und sie darinn verhungern zu lassen. Große Hungersnoth der Spanier. Cortes faßt endlich den Entschluß, Mexiko in der folgenden Nacht zu verlassen, und trifft dazu die nöthigen Anstalten.

Zwölfter

Zwölfter Gesang.

In der Stille der Mitternacht verlassen die Spanier ihren Pallast. Sie schlagen eine bewegliche Brücke über den ersten Canal. Auf einmal aber werden sie von einer unzähligen Menge Mexikaner von vorne und hinten angefallen. Die bewegliche Brücke wird durch die Pferde und Kanonen so in die Erde gedrückt, daß sie nicht wieder losgemacht werden kann. Die Spanier füllen die übrigen Canäle mit Leichen der Mexikaner, und waten und schwimmen zugleich durch. Cortes sieht sich genöthigt, seine Kanonen in die See zu werfen. Gudmann verliert sein Pferd, worauf er mit der Almeria gesessen. Alvarado giebt ihm das seinige, und sie entkommen glücklich auf die andere Seite. Alvarado stößt seine Lanze in die See und schwingt sich auf derselben zum andern Ufer des Canals hinüber. Die Stelle heißt noch der Sprung des Alvarado. Nachdem alles über die Canäle hinüber ist, macht Cortes Halt, um vielleicht einige Zurückgebliebene noch an sich zu ziehen. Mit dem Anbruche des Tages mustert er sein Heer, und findet, daß er 200 Spanier, 46 Pferde und 2000 Tlaskalaner verlohren, und sein grobes Geschütz. Zwey Prinzen des Motezuma wurden ebenfalls vermißt. Unter den 200 Spaniern hatten die mehresten sich zu sehr mit den Schätzen von Mexiko beladen,

ben, und dadurch ihre Niederlage verursacht, weil sie nicht
hurtig genug marschiren können. Cortes setzt sich auf
einen Stein im Felde und beweint die Niederlage der Seinigen; thut aber ein feyerlich Gelübde, sie zu rächen und
Mexiko wieder zu erobern.

Dreyzehnter Gesang.

Die Mexikaner finden mit Anbruche des Tages unter den
Erschlagenen auch die beyden Prinzen des Motezuma, Zim-
pal und Kazingo, die als Geißel bey den Spaniern gewesen. Die Bestürzung der Mexikaner verhindert sie, die
Spanier zu verfolgen. Die Leichname der Prinzen werden
nach dem Begräbnisse ihres Vaters gebracht. Verschiedene
Bundsgenossen verfolgen die Spanier auf ihrem Rückzuge.

Vierzehnter Gesang.

Gatumozin sendet nunmehr die ganze Heersmacht der Mexikaner den Spaniern nach. Er giebt das Commando dar-
über einem Bruder des hingerichteten Qualpopoka, Namens Chalko. Die Mexikanische Armee erreicht die Spanier im Thal Otumba. Blutiges Gefecht zwischen beyden
Theilen. Cortes entschließt sich zuletzt, bis zu dem Gene-
ral,

ral, vor dem das goldne Reichspanier getragen wird, hinburchzubringen. Es glückt ihm, ihn mit seiner Lanze zu durchbohren, und sich des Reichspaniers zu bemächtigen. Allgemeine Flucht der Mexikaner. Cortes errichtet zum Andenken dieser Schlacht ein Siegeszeichen.

Funfzehnter Gesang.

Cortes hält seinen triumphirenden Einzug in Tlaskala, einer mit ihm verbündeten Stadt. Nach vielen Feyerlichkeiten macht er zur Eroberung von Mexiko neue Anstalt. Durch einen glücklichen Zufall erhält er von einem angekommenen Spanischen Schiffe wiederum einige Canonen und Pferde, nebst einigen frischen spanischen Soldaten. Es fehlt an Pulver. Cortes entschließt sich, den feuerspeyenden Berg Xiko zu besuchen. Thamanalko sucht solches zu verhindern; Cortes erreicht aber seinen Endzweck, und findet eine Menge Schwefel und Salpeter zu Pulver in dem Berge, welche Materien er auch sogleich dazu bearbeiten läßt.

Sechszehnter Gesang.

Cortes entschließt sich, Mexiko auch zu Wasser zu belagern, und läßt daher acht Brigantinen erbauen. Nachdem alle nöthigen Vorbereitungen gemacht sind, mustert er sein kleines Heer. Ein gleiches geschieht von dem Feldherrn der Tlaskalaner, Xikotenkal. Thamanalko hat einen spanischen Soldaten, Namens Villafanna, zu einer Verschwörung und einem Meuchelmorde wider Cortesen aufgebracht. Die Verschwörung aber wird entdeckt, und Villafanna erdrosselt.

Proben

Proben der Umarbeitung dieses Gedichts.

Erster Gesang.

Den kühnen Spanier, der sich allein
Ein ganzes Kriegsheer war, mit wenigen
Zahllose Mengen schlug, und Mexiko
Vom Gipfel seiner Macht herunter riß,
Will ich besingen. Du, Begeisterung,
Die du den Menschen über sich erhebst,
Wenn deine dir geweihten Söhne dich
Um Beystand rufen, und der Leyer Klang,
Die deine Gunst beseelt, voll Zauberkraft
Die Herzen mit sich reißt! p leit' auch mich,
Von dir entflammt, durch so viel Scenen fort,
Durch Scenen, oft voll Blut und Grausamkeit,
Die mich erwarten, und die alle nicht
Mit Blumen deine Hand bestreuen kann.
Laß auch des Himmels Kind, u. s. f.

Gatu

Gatumozin's Rede, S. 22.

Spricht Xitivako so, und wagest du,
Was dich unedle Furcht zu denken zwingt,
Vor Motezumens hohem Königsstuhl
Als Weisheit vorzutragen?   Feiger, sprich,
Was für ein Traum hat dir es offenbart,
Daß diese Fremden Göttersöhne sind?
Und daß du Donner nennst, was in der Hand
Der Europäer wütet, und das Thier,
Das sie zur Schlacht auf seinem Rücken trägt,
Dir ein dampfathmend Ungeheuer scheint?
Sind dieses Götter, die der Erde Schoos,
Wie uns, ernähren muß, die klarer Quell,
Wie uns, erfrischt, und welche blos die Glut
Der mildern Sonne nicht so schwarz gesengt?
Zwar, ihrer Waffen Glanz strahlt furchtbar gnug,
Ihr Schwert flammt gleich dem Blitz, und hat viel Blut
Getrunken um uns her; doch wer sieht nicht,
Daß dieses Schwert, so sehr es würgen mag,
Doch aus Metall besteht; so unbekannt
Uns dieß Metall auch ist? Und zweifelst du,
Daß dieser Donner, so wie du ihn nennst,
Durch ein Geheimniß der Natur erzeugt,

Die

Die Wunder thu, die uns bisher erschreckt?
Mir wenigstens, mir sagt mein kühnes Herz,
Sie sind bloß Sterbliche; nichts mehr, als wir.
Doch, wenn es Götter sind; wohlan! so brennt
Mein stolzer Muth, mit diesen Göttern selbst
Mein Schwert zu messen, und zu sehn, ob Blut
Auch aus den Wunden dieser Götter fließt.
Verzehrt mich dann ihr Blick, frißt mich ihr Schwert,
Zertritt das Ungeheuer mich, das Dampf
Aus seiner Nase braust, mit ehrnem Fuß;
So wagt' ich doch, wovor ihr alle bebt;
Und meinen Namen nennt Unsterblichkeit!" —

Anfang
des zweyten Gesanges.

Des Eskalante Schatten schwebte jetzt
Auf Tenustlan zu. Die Sympathie
Der Seelen zog mit mächt'gem Zug ihn fort;
Er eilte, seinem Führer, seinem Freund,
Cortesen, den er lebend so geliebt,
Wenn anders nach der Geisterwelt Gesetz
Es ihm vergönnt sey, zu erscheinen. Weit
Den Blick umher gerichtet, sah von fern,
Ihn Tenustlans hoher Genius,
Der stolze Thamanalko. Seinen Thron
Hatt' er seit langer Zeit auf Xiko's (*) Höh
Errichtet, wo er saß, umringt vom Dampf
Und Rauch und Glut, daß unter seinem Fuß
Oft Länder zitterten, und Flammenstrom
Die Felsen niederstürzte. Als er sah,
Daß sich der Schatten des Jberiers
Der Kaiserstadt lichtschwebend näherte,
Befahl er einem seiner dienenden
Geringern Geister, ihm vor seinen Stuhl

Den

*) Xiko, ein feuerspeyender Berg in der Gegend von Mexiko.

Den Abgeschiedenen zu fodern. Schnell
Ward sein Befehl erfüllt; der Schatten stand
Vor Thamanalko; und der Genius
Ließ so die Rede stürmen: Welchen Weg,
O Fremdlingsseele, schwebest du so kühn
In diesen Gegenden? triegt anders nicht
Mein scharfes Aug', so war auf Mexiko
Dein Flug gerichtet! — Mit sanftleisem Ton
Erwiederte der Schatten: Schrecke nicht
Mit deinem schwarzen Todesblick mich so,
Wer du auch immer seyst, der mir so stolz
Gebieten darf; der Freundschaft ew'ges Recht
Reißt unaufhaltsam mich zu jener Stadt,
In der Cortes, der Sicherheit im Schoos,
Nicht weiß, daß tausend Säbel schon auf ihn
Gezücket sind. Gieb meinen Flug mir frey!
Ihm zu erscheinen, ihn zu warnen, ist
Mein heisser Wunsch! — Elender, unterbrach
Der Genius das Wort, was trieb denn dich
Vom fernen Orient in dieß mein Reich,
Das aller Oceane Zwischenraum
Doch vor dem räubrischen Europa nicht
Gesichert hat? Du hast mit deinem Blut
Zuerst das friedlich stille Land genetzt,
Das schuldlos, harmlos blühte, wuchs und stand,

Die Völker rings umher beschattend! — Nun
Mit Blutvergießen, Krieg und Tod befleckt!
Doch, folge mir! von höhern Mächten hängt
Das, was du wünschest, ab! — Er sprachs, und hub
Von seinem Königsstuhl sich auf.   Indem
Er aufstand, donnerte des Berges Bauch,
Und Flammen fuhren aus dem Schlund hervor.
Ein finstrer Wink befahl dem Schatten, ihm
Zu folgen; und so nahm er seinen Flug
Nach Regionen reinern Lichtes zu.

Anfang

Anfang einer Wochenschrift,

Der Schutzengel.

I.

Diejenigen, die eine vorzügliche Aufmerksamkeit auf den Menschen richten, haben schon längst die Anmerkung gemacht, daß nicht allein die lächerlichsten Gebräuche und Thorheiten, sondern auch wirkliche Ausschweifungen und Laster uns so sehr von Jugend an zur Gewohnheit werden können, daß wir endlich ihre Lächerlichkeit und Abscheulichkeit gar nicht mehr fühlen. Wir sehn außerordentlich geschwind an fremden, und bey uns sogenannten wilden Nationen, wunderliche Gewohnheiten und seltsame Begriffe von Artigkeit und Wohlstand; aber vor ähnlichen Fehlern, und manchmal noch größern Thorheiten, welche unter uns herrschen, sind unsre Augen durch Stolz und Vorurtheil geschlossen. Viele unsrer Sittenlehrer haben daher ein glückliches Mittel erfunden, uns manchmal von unserer großen Einbildung von uns selbst zurück zu bringen. Sie haben den Charakter eines Ausländers angenommen, und unsre Gewohnheiten und Art zu leben, aus dem Gesichtspunkte angesehn, in welchem

G 3   sie

fie jedem Fremden erſcheinen müſſen, der noch nicht von Jugend
auf an unſre Sitten gewöhnt iſt. Die Jüdiſchen und Perſia‐
niſchen Briefe, die Briefe einer Peruanerinn, eines Chineſi‐
ſchen Weltweiſen, und noch verſchiedne andere von dieſer Erfin‐
dung, ſind alle in dieſer Abſicht geſchrieben worden, und haben mit
Recht einen beſondern Beyfall erhalten. Nur Schade! daß einige
dieſer Schriftſteller manchmal unſre geheiligte Religion auf eine
verſteckte Weiſe darinn angegriffen haben, und daß dieſe ſonſt
nützlichen Schriften manchem Leichtſinnigen, und in ſeinem Glau‐
ben ſchlecht gegründeten Leſer dadurch ſchädlich geworden ſind.

So, wie ein unpartheyiſcher Zuſchauer unter den Menſchen
ſich ſelbſt fragen kann: was würde ein Türk, ein Chineſer, ein
Indianer, nach ſeinen Begriffen, von uns denken, wenn er
ſich unter uns aufhielte: eben ſo habe ich mich manchmal ſelbſt
gefragt: was muß einer von den höhern Weſen, einer von den
himmliſchen Geiſtern, die uns beſchützen, von uns denken, wenn
er zuerſt auf die Erde herabkömmt, und die Handlungen der
Menſchen beobachtet. Wir wiſſen, daß eine große Menge dieſer
himmliſchen Geiſter ſich unter uns aufhält. Dieß iſt eine viel zu
tröſtende Lehre für den Menſchen, als daß wir uns dieſelbe durch
die ſeichten Einwürfe einiger ſogenannten ſtarken Geiſter ſollten
rauben laſſen. Schon das Alterthum glaubte gewiſſe Genii,
welche die Menſchen beſchützten, und die Offenbarung ſagt es
uns ausdrücklich, daß Geiſter des Himmels zu unſerm Schutze

beſtimmt

beſtimmt ſind, die auf unſre Wege und Handlungen Acht haben.
Wir können uns alſo leicht vorſtellen, daß Geiſter, die ſo viel
ſchärfer, und ſo viel richtiger denken, als wir, nicht immer bloße
Zuſchauer ſeyn werden; manches, was ſie unter uns zum erſten-
mal beobachten, muß für ſie auſſerordentlich neu ſeyn, ob es
gleich ſchon längſt für uns durch die Gewohnheit den Reiz der
Neuheit verlohren hat. Nichts iſt wahrſcheinlicher, als daß dieſe
vollkommenen Geiſter, ihre Gedanken, die ſie über uns anſtellen,
einander mittheilen. Schon der berühmte Pope hat uns hievon
einen Wink gegeben, wenn er in ſeinem Verſuche über den Menſchen ſagt:

Die obern Weſen, als ſie neulich ſahn,
Mit welchem ſcharfen Blick ein Sterblicher
In der Natur geheimſte Wege drang,
Bewunderten in irdiſcher Geſtalt
So tiefe Weisheit, und ſahn Newton an,
Wie wir erſtaunt auf einen Affen ſehn.

Es müßte uns in der That ein auſſerordentliches Vergnügen ſeyn,
wenn wir die Gedanken dieſer himmliſchen Geiſter über verſchiedne Dinge, die uns Menſchen angehn, erfahren könnten; und ich
dachte oft, daß ſelbſt eine erdichtete Nachricht hievon unſre völlige
Neugier reizen würde. Ich trug oft eine Art von Plan zur
Ausführung dieſer Idee bey mir herum; ich fand aber auch, wie

ſchwer

schwer es für einen Verfasser seyn würde, den Menschen, so zu
sagen, ganz abzulegen, und in dem Charakter eines solchen vollkommenen und höhern Wesens zu denken. Wenn ich indeß bey
mir selber erwegte, daß die christlichen Dichter schon oft die Engel
mit vieler Würde und Anstand reden lassen, und ihnen Gedanken
geliehn, die sie nicht nur bey gewissen Veranlassungen hätten haben können, sondern auch nach unsrer geheiligten Religion hätten haben müssen; so verlor ich nicht allen Muth, dieses mein
Vorhaben vielleicht einmal nicht ganz unglücklich auszuführen.
Doch ein sonderbarer Zufall machte, daß ich dieses Vorhaben
aufgab. Ich fand nehmlich einmal des Abends ein Manuscript
auf meinem Schreibtische liegen, mit der Aufschrift: **Briefe**
eines Schutzengels an seinen Freund, über die Menschen.
Ich fand nicht die geringste Nachricht weiter hiebey, und konnte
auch mit allen meinen Vermuthungen keinen ausfindig machen,
welcher der Verfasser von diesen Briefen hätte seyn können, und
Gelegenheit, und Ursache genug, gehabt hätte, sie mir auf eine
so sonderbare Weise auf mein Zimmer zu legen. Ich wäre daher beynahe in einige Versuchung gerathen, etwas wunderbares
in diesem Vorfalle zu finden. Ich las indeß einige der ersten
Briefe mit großer Begierde durch, und fand, daß sie völlig
nach meiner Lieblingsidee geschrieben waren. Nach der völligen
Durchlesung dieser Schrift hielt ich es für meine Schuldigkeit,
sie der Welt mitzutheilen, und nach einiger Ueberlegung ent-

schloß

ſchloß ich mich aus vielerley Urſachen, ſolches in der Geſtalt eines wöchentlichen Blattes zu thun. Da dieſe Briefe haupt‐ ſächlich der Moral und Religion gewidmet ſind, und ſich durch‐ aus mit dem Menſchen, hauptſächlich aber mit dem geiſtlichen oder religiöſen Menſchen beſchäftigen: ſo glaubte ich nicht unrecht zu thun, wenn ich ſie zu einer Vorbereitung des gehei‐ ligten Tages beſtimmte, den wir mit nichts beſſerm feyren kön‐ nen, als mit fleißiger Erforſchung unſers eignen Herzens, und mit mancherley moraliſchen Betrachtungen, wovon dieſe Blät‐ ter voll ſind.

Es ſoll alſo zu dieſem Endzwecke alle Sonnabend ein ge‐ druckter Bogen von dieſen Briefen ausgegeben werden. Der beſtändig ernſthafte Inhalt dieſer Schrift, und eine Schreibart, die der Wichtigkeit der darinn abgehandelten Sachen gemäß iſt, läßt mich auf keinen ſehr allgemeinen Beyfall rechnen; es wird mir aber ſchon Belohnung genug ſeyn, wenn ich durch die Herausgabe dieſer Schrift den Beyfall des edleren Theiles der Menſchen erhalte, die ihren Zeitvertreib nicht immer allein in den Werken des muntern Witzes ſuchen, ſondern ihn auch in einer Schrift zu finden wiſſen, die mehr unterrichtet als ergeßt.

Der

Der Schutzengel.

II.

Du weißt es, theuresser Salem, jede von diesen unzählichen
Kugeln des unermeßlichen Weltgebäudes hat vernünftige Kreatu-
ren, die auf eine wunderbar vollkommne Weise sich auf das ei-
gentlichste für die Kugel schicken, auf welcher sie wohnen; Geister von tausend verschiednen Graden der Vollkommenheit, die
aber doch alle Unterthanen von dem großen Beherrscher der Welt
sind, und alle nach ihrer Art sich bemühn, ihre Unterwürfigkeit
und Ehrfurcht gegen dieß oberste Wesen an den Tag zu legen.
Der Mensch ist auf der Erde dieses vernünftige Geschöpf, und
er muß vermöge seiner unsterblichen Seele, die in ihm wohnt,
mit zu den Geistern gerechnet werden, obgleich sein ganzer äußer-
licher Bau des Körpers ihm seinen Stand unter den Thieren
anzuweisen scheint. Es ist wahr, schon seine körperliche Bildung
hat etwas majestätisches an sich, besonders da er unter allen
Thieren allein aufrecht auf zwey Füßen einhergeht, und sein
Haupt zum Himmel erhebt. Dieß würde ihm indeß noch lange
kein Recht geben, sich unter die Geister zu rechnen, wenn nicht
seine unsterbliche Seele ein wirklicher Geist wäre, und sich nach
ihrer Art eben sowohl mit ihren Gedanken zu Gott aufschwingen
könnte, als wir andern Geister des Himmels.

Unser

Unser gröstes Vergnügen ist, Gott anzubeten, und seinen heiligen Willen zu thun; je feuriger, je vollkommner wir dieses verrichten können, desto glücklicher sind wir. Ich war also sehr neugierig, die Art von Anbetung und Verehrung zu sehn, welche die Bewohner der Erde als ihre schuldigen Opfer dem Schöpfer darbringen. Vermöge der Geschwindigkeit, die uns Geistern eigen ist, besuchte ich in kurzer Zeit eine Menge von mancherley Nationen. Ich fand sie alle so sehr mit der Sorge für ihren zeitlichen Unterhalt beschäftigt, so sehr auf Reichthum und Ehre erpicht, so gänzlich in den Ausschweifungen der thierischen Wollust versunken, daß ich unmöglich in diesen Körpern unsterbliche Seelen hätte vermuthen können; so wenig unterschieden sie sich von den Thieren, und eben so wenig erhuben sie ihre Augen oder Gedanken gen Himmel. Wenn ich sie indeß einige Tage hinter einander beobachtete; so entdeckte ich gar bald, daß sie einige Begriffe von einer Gottheit, und einige schwache Vermuthung von der Pflicht hatten, durch etwas äußerliches dem Schöpfer der Welt ihre Unterwürfigkeit zu bezeugen. Aber, theurester Salem, was für Begriffe! was für eine Verehrung dieses göttlichen Wesens! Kaum wirst du mir es glauben können, ob es gleich leider! die traurigste Gewißheit ist. Bey sehr vielen Völkern sah ich die ungeheuresten Gestalten der Natur und der verwirrten Einbildungskraft, die häßlichsten Götzenbilder von Stein, Holz und Metall, auf den Altar gestellt. Viele verehr-

ten

ten Sonne, Mond und Sterne als ihre Gottheiten, andere
beteten lebendige Thiere an; das Volk kniete davor, und eine
unzählige Menge von abergläubischen oder betrügerischen Prie-
stern erhielt sie durch mancherley Cerimonien in den thörichsten
Meynungen und Einbildungen von ihren Göttern. Viele opfer-
ten sogar dem Stifter des Bösen, Salem, dem Fürsten der
gefallnen Engel, dem sie eine eben so große Macht beylegten, als
dem Allmächtigen, und ihn aus Furcht vor seinen Strafen mit
dem Blute ihrer Kinder, oder ihrer Kriegsgefangenen, die sie
ihm schlachteten, zu versöhnen suchten. Vor Mitleid schmolz
mir das Herz, da ich die klägliche Blindheit aller dieser Völkerschaften sah. Ich wendete mich zu andern Nationen. Ich
durchstreifte weitläuftige Länder, wo man den sogenannten grossen Lama anbetete. Stelle dir, liebster Salem, mein Erstau-
nen vor, als ich sah, daß dieser große Lama ein Sterblicher,
einer seiner Brüder war, dem man göttliche Ehre erwies. Und
auf was für eine Art? Mit der Verleugnung aller Reinlichkeit,
mit der Verleugnung aller gesunden Vernunft. Ich kam in
reiche mächtige Provinzen, wo ich ohn Unterlaß hörte, es ist
nur Ein Gott, und Mahometh ist sein großer Prophet! Wie
sehr wurde indeß dieser einzige wahre Gott vergessen, und Mahometh allein verehrt! Blindheit und Barbarey verschloß die
Augen aller dieser Völker vor den Lastern und Fehlern ihres ver-
meynten Propheten, und sie glaubten die thörichtsten Fabeln,

die

die er ihnen von seiner göttlichen Sendung erzählt hatte, aller
menschlichen Vernunft zur Schande. Was für weitläuftige,
herrliche, blühende Länder sah ich der Lehre dieses sogenannten
großen Propheten unterthan! Unwillig richtete ich meinen Flug
zu andern Reichen. Ich kam in das mächtige Gebieth der
Monarchen von China, und fand zu meiner großen Freude unter
den Vornehmen und Gelehrten dieses zahlreichen Volks eine
ansehnliche Menge von Verehrern des Tien, oder des obersten
Wesens. Ein Weiser, die Bewunderung aller Jahrhunderte,
hatte ihnen sehr edle Begriffe von der Gottheit, und eine vor-
treffliche Sittenlehre beygebracht. Aber die Abgötterey, diese
beynahe allgemeine Pest der sich selbst gelassenen menschlichen
Vernunft, hatte gar bald auch dieses Volk verderbt. Der al-
lergrößte Theil derselben war dem allerverächtlichsten Götzendienste
ergeben, und entzog dem besseren Theile der Nation immer
mehr und mehr Verehrer der einzigen und obersten Gottheit.

Wie könnte ich dir, theurester Salem, alle die mancherley
Arten von Götzendienst und Aberglauben beschreiben, womit ich
beynahe den ganzen Erdkreis bedeckt fand. Ich wurde müde,
die Menschen länger in dieser erniedrigenden Gestalt zu sehn,
und begab mich also voller Begierde zu christlichen Völkern.
Ich ließ mich auf einer großen bevölkerten Insel nieder, und wan-
derte unsichtbar in einer mächtigen Hauptstadt umher, in welcher
die Handlung des ganzen Erdbodens wie in ihrem gemeinschaftlichen Mittelpunkte zusammen zu fließen schien. Hätte ich es nicht
vorher gewußt, daß ich mich in einem christlichen Lande befände,
so würde ich es nimmermehr aus dem Bezeigen dieses Volkes geschlossen haben. Die Menschen waren hier in keinem Stücke
                                                        anders,

anders, als diejenigen, die ich bisher gesehn hatte. Die Begierde nach Ehre, nach Reichthum, und die niedre thierische Wollust hatten hier ein eben so mächtiges Reich, als in den Ländern wo man den Fohi oder den Mahomet verehrt. Zeitliche Sorgen, und weltliche Geschäfte und Zerstreuungen drückten die Seelen dieser Unsterblichen völlig nieder, und ich irrte lange herum, ehe ich einige wenige fand, die in ihrer Einsamkeit ihre Gedanken von dem Erdischen ablenkten, und sie zu dem Schöpfer aller Dinge erhüben. Ich stürzte mich indeß mit einer großen Menge Volks in einen prächtigen Tempel, der zu dem großen feyerlichen Tage offen stand, an welchem der Erlöser der Menschen von den Todten auferstanden war. Ich muß dir gestehn, liebster Salem, daß ich von der angenehmsten und unschuldigsten Neugier ganz voll ward; denn ich hatte noch nie einen Tempel der Christen gesehn. Was für eine ehrfurchtsvolle Andacht hoffte ich hier zu finden, was für freudige entzückungsvolle Ergießungen des tiefsten Danks hoffte ich hier wahrzunehmen! bey der Gedächtnisfeyer einer Begebenheit, die für alle Menschen so äußerst wichtig seyn mußte. Mit hundert solchen angenehmen Gedanken trat ich hinein in den Tempel, doch ach! theurester Salem, wie sehr sahe ich mich betrogen. Eine wehmüthige Traurigkeit überfiel mich, und alle meine süßen Vorstellungen waren dahin. Kannst du es glauben, Salem? Ach! warum ist es so sehr wahr! Mit der äußersten Betrübniß muß ich es dir erzehlen! — — —

Inhalt.

Auf

Wolfenbüttel,
aus der Bindseilschen Buchdruckerey, 1781.